Virtuose du Requiem

Naruyoshi Kikuchi

Akishobo

レクイエムの名手

菊地成孔追悼文集

まえがき

〈もし自分が死んでも、誰も追悼などしないで欲しい、これは諧謔でも逆説でも照れでも、愛情飢餓的ないじけでもない。ガチガチの本気だ。口にもしないで欲しい。SNSとかがあるから、口をつぐむのは難しいかもしれないが、誰も口にもしないで欲しい。自分が知りもしない人の訃報を読むと、一回目を通しただけで、もう次の何かを読み始めている筈だ。あの時と全く同じ対応をして欲しい。つまりこんなに、座り込んで足下にしがみつき、嘆願する様な事をしなくとも、事は簡単だ。誰にも知られない人になれば良いのだ。誰からも忘れられれば良いのだ。「最期に何を食べたいですか?」「どんな死に方をしたいですか? 理想の死に様は?」前者は何だって良い、後者は、のたれ死にだ。誰も知らない奴が死んで、無縁仏に。更に言えば、戦争になれば良い。死亡確認さえ出来ないぐらいの激烈な大量殺戮の中にそっと入っていれば良い、しかし後者は多くの人が望まないだろうから、自分も望まない様にする。誰からも忘れられたい。しかしそのために、今急に隠遁し行方不明などになっても、逆に話題になってしまう。必死に生きて、音楽をやりたいだけやって、本を書きたいだけ書いて、好きなだけ様々な仕事をして、その上で忘れられないと意味がない。たったそれだけの事が、物凄く難しい時代になってしまった。どうすればいいのだろう？　どうすれば自分を知る総ての人々は、自分をすっかり、自然に忘れ去ってくれるのだろうか？　これが、川勝正幸の葬式と、相倉久人の葬式の帰りの車の中で、ずっと繰り返し考えていた事だ〉

インターネットというものが出来て、ホームページというものを作ると、面白くて毎日そこにものを書いていた時期がありました。そうしていれば必ず、有名人や知己ある人の訃報が周期的にやってきます。

まだブログという言葉もない時期に、ワタシは誰かが亡くなると、特に何の考えもなくその追悼文を書きました。自分のラジオ番組では、追悼のコメントを読んで、1曲捧げたりした。

回向とか手向けといった物の正式な手順は知りませんが、人が亡くなったんだから、その人に関する思い出があるんだったら、少しだけ話し、音楽を流す。それが普通だろう。ぐらいの考えで、今や「あの有名なテーマ曲」と言われたテーマ曲すら忘れられそうな「禁じられた遊び（Jeux interdits／1952年のフランス映画。ルネ・クレマン監督）」という映画がありますが、あの映画の主人公の子供の様なものです（遊びで葬式を行う、5歳の女の子と11歳の男の子の物語です）。

しかしそのうち、「あなたが書いたアレを、その人の追悼ムック本に収録しないか？」といった話が相次ぐ様になり（実際に、忌野清志郎さんへのものは、そうなりました）、追悼文ばっかり買い手がつくってどういう事なのよ？　物書きとして。等と笑いながら、特に考えもなく、続けていました。誰に教わった訳でもなく、それが死者に対する礼節と慰労であるぐらいに、勝手に信じ込んで。

そしてある日、とうとう、「あなたの追悼文をまとめて本にしないか？」という誘いが来ました。記憶が確かなら5〜6年前だと思います。

その時はもう、両手を目の前でぶんぶん振りながらお断りしました。そんな、縁起でもない（笑）。葬儀屋や坊主じゃないんだコッチは。というのは、まあ、ウソとまでは言いませんが、表向きの理由、という奴で、本当の理由は「そんなものを出したら、出した瞬間に母親が死ぬ様な気がして」という、まあ、どれだけ軽く見積もっても病理的なものです。

本が出るとしたら、最初は父親に対するものから始まります（ワタシが最初に書いた追悼文だからです）。それで出版までに母親が亡くなり、ラストが母親への……等と言うのは、馬鹿馬鹿しいとまでは言わないが（後述しますが、当時から既に母親は、いつ亡くなってもおかしくない状態でしたので）、シンクロニシティだと捉えたとしても、験《げん》担ぎの凶兆だと捉えたとしても、万能感（両親の死を、企まず自分がコントロールしている事になりますから）だと捉えたとしても、何れにせよニューロティックに過ぎるとしか言いようがありません。

ただ、ワタシは、メディアで自分に生みの母と育て（7～8年間ですが）の母がいる旨、そして「母親が二人いる」という特殊な状況が10年ほどあった旨、ブログや雑誌のインタビュー等で、比較的あけすけに書いたり話したりして来ました。更には、育ての母（生みの母の妹の一人です）が、生来のものも、太平洋戦争によるものも併せた身体障害者の精神病持ちで、しかし物凄く明るくて面白くて凶暴なのだ、そして、そんな彼女に5年前に30年振りで会った所、もう80を過ぎているというのに、まるで40～50代の様に元気で、記憶もしっかりし、ワタシのコンサートの新聞記事等を切り抜いてクリアファイルに保存したりしていた事さえも、何かに書いたか話した記憶があります。

それに対し、ワタシの生みの母は、妹とは全く異なった経緯を経て、現在、全く異なった状態にいます。

というより、ワタシは両親の、文字通り命がけの夫婦愛、言葉を変えれば、生命維持や記憶を手放す事が出来るほどの相互依存の強さに対し、驚愕し、畏怖する以外の対応がいまだに出来ないままです。

これはニューロティックな見立てではない。愛によってシャム双生児の様に結着した二人というものは、片方が死に始めると、片方も死に始めるのです。ワタシはそれを、この目で見た。

母親は現在、10年前に発症したある難病と認知症が合併している状態ですが、明らかに父親は、彼女の難病、それによる死の兆候を家族の誰よりも早く察知し、それを自分が看取る事が不可能である事を深部で悟り、太平洋戦争を生きのび、病気ひとつした事もなく、喫煙経験もないのに（彼は日本料理の板前です）肺ガンを罹患し、全速力の滑り込みの様にして、妻より先に亡くなったのです。

そして、それを受けた母親は、この世で最も愛する夫の死に対する喪の作業も済まさずに、つまり、彼女の側も看取る事が出来ず、一見水平線の様ななだらかさで、何年もかけてこの世の記憶を薄めて行き、7〜8年前から肉体だけをこちらの世界に残し、誰ともコミュニケーションがとれない状態に至っています。

たまに彼女と会う時、「それにしても凄いね、夫婦愛ってね。あなた達」と話しかけます。母親は、ワタシの言葉とは全く無関係に沈黙しているか、ワタシの言葉とは全く無関係に獣の唸り声の様なものを上げます。ほとんど、吠えているように。「いいね。美しいね。本物のハウリングは。うっとりするわ〜」とワタシは、彼女が熱海かどこかで、父親と並んで嬉しそうに笑っている写真をテーブルに戻します。

最初にお話を頂いた時「そんな本を出したら母親が死ぬ」と本気で恐れたワタシが、こうして出版に合意させて頂くに至った内的変化については、自分では解りませんし（単に「母親が死ぬ」可能性なら、むしろ高くなっている訳ですし）、解っていたとしても、恐らく書かなかったでしょう。

ワタシの行動は、総て直観や勘と呼ばれる能力に律されており、大抵は「早すぎる」形で好機を逃す傾向があります。そういう意味では、この本は変な話、好機に恵まれているのかもしれません。ただ、ワタシはいつものように「よし。アレやろう」と決めてしまい、どんどん書き始めました。

そして、第一章を書き終えると同時に40度の発熱があり、第二章が書けなくなりました。「うおっと何かヤバいかやっぱ。この本（笑）」と言いながら二章を書き終えると、人間ドックで、クモ膜下に小さな動脈瘤があるという知らせが入りました（現状では安全なものですのでご心配なく）。「ちょっとお、最後はオレに対する追悼になるの？　いやいやそれって出版されないという事じゃないか（笑）。」と言いながら、終章を書き終えるか終えないかというタイミングで、相倉久人先生の危篤の報が入りました。2発目までは笑って躱《かわ》せたが、さすがにこれは堪えた。相倉先生に対するものは、終章ではなく、あとがきに置かせて頂きました。

それでも、それがシンクロニシティとは思いません。誰だっていつかは死にます。人間はそれを追悼する事も出来るし、その死を認めない事も出来る。ワタシの両親の様に。後者は概ね愚行とされますが、別にそれでも良いんじゃないか。それが愚行だとしても、愚行もしないで、何の人生だよ。と思います。ワタシの、こんな形の追悼だって、随分と高い可能性で、愚行の類でしょう。葛藤を抱えながらものを書いて、発熱したり、最新のテクノロジーで病を見つける等、愚行以下です。

執筆中に母親に会いに行った際、「今、あなたの下の倅がこれこれこのような本を書いてましてね。あなたの大好きなご主人が亡くなった所から始まるのですよ。出版してもよろしいですかな?」と言うと、いつものように唸りで返して来ました。OKかあちゃん。そもそもオレが兄貴と同じ物書きになったなんて、確か、知りもしねえよな? どうやら世間様は言ってる様ですよ。菊地秀行と菊地成孔を生んだ母親はすげえ。とか何とか(笑)。「すげえ」だって? 何も知らねえ外野の馬鹿共(笑)。そんな事あオレが一番良く知ってるぜ。母親の唸り声は、息子でなければ、音楽家でなければとても耐えられないほどに高まりました。

どなたがいつ、どんな風に亡くなっても、ワタシが思っている事は一つです。あの世が楽しく、面白く、苦しければ良い。この世と同じぐらいに。当初のタイトルは「死神」に決まっていて、これはあとがきにある相倉先生への分をお読み頂ければ洒落になっている事が解るのですが、書店に並んだ時、あまりに字面がおっかないのと（笑）、有名な落語のタイトルである事から止めました。５年以上諦めずに待って頂いた亜紀書房の小原央明さんに感謝します。

レクイエムの名手　目次

第Ⅱ章　Mar 2011 - Apr 2011

第Ⅲ章　Jun 2011 - May 2015

装画＝諏訪敦
「father」1999
Courtesy of Gallery Naruyama
装丁＝川名潤（prigraphics）

第I章

Jan 2004 - Dec 2010

Virtuose
du Requiem

Tokutarou Kikuchi (*1921.6.3- 2004.1.20*)
Isamu Hasegawa (*1949.6.1 - 2003.12.25*)

二つの訃報

２００４年１月20日。午後９時42分。肺ガンとその脳への転移により享年82で父が息を引き取ると、遺体は霊安室に安置され、僕等家族は全員で数時間をそこで過ごし、その後、兄夫婦は千葉県銚子市の実家に直行し、母と妻は僕の自由が丘のマンションで数時間仮眠を取り、早朝６時。僕だけが自由が丘のマンションに残った。

翌日東京大学での授業があり、翌々日からは横浜の高級ジャズクラブで２日間の演奏があり、更に翌日には、バイトのつもりで始めた個人音楽講師業が肥大して、総勢70名に近い「学校」になった集団の創立一周年パーティーがある。縁起でもない話だが、僕は数ヶ月前からスケジュール帳を開くたびに（この演奏が追悼演奏になるんだとしたら）とばかり考えていた。そして、パーティーは明らかにこれは慶事だ。いつもよりも濃厚なブルーが何ヶ月もかけて僕に染み込んでいた筈だ。再び縁起でもない事に、僕はだから、どちらも大成功するだろうという確信を得ていた。死を前提とした成功。そんな想像力。

葬儀は身内だけの密葬とし、25日の告別式が終わるまでは絶対に誰にもこの話は漏らしてはいけない。という事に決まった。

しかしまたしても僕は失敗した。妻と母が出てゆき、ソファで一人になると、睡眠導入剤を通常の倍飲んでも目が冴えるばかりで全く眠れなくなった僕はメールボックスを開いてみた。これが第一の失敗だ〔追記1〕。

話題は一点に集中していた。総てのメールを開くと、それは、異常な熱狂と共に「あいつを殺せ」だの「死ね」だのという言葉に関する百科事典の様だった。僕はモニター画面を刮目しながら、心の中で目を覆った。さっき目の前で、見てきたばかりですんで。死は。とりあえず今は良いわ。殺さなくたって、いつか人は死ぬ。俺も、あんたも。あいつも。誰も彼も。

第二の失敗は、そのまま「あのサイト」に入ってしまった事だ。内容はここを読んでいる人のほとんどが知っているだろうから（もしまだ読んでいない人が居たら、繊細な人は絶対に見ないように。と警告しておく）書くまでもないが、僕が完全に決壊してしまったのは、僕を擁護するとやらの立場で「まあ、これは（菊地への）親心として書いてやったんですが」というシンプルなフレーズだ。カチャンという嫌な音が聞こえ、僕は確信した。決壊を。

どこの誰だか知らねえが、テメエみてえな名無しの腰抜けに親心なんか持って貰う憶えはねえ。親なら、さっき死んだばっかりだよ。

第三にして最大の失敗を犯した僕はキーパンチが止まらなくなった。膨大な文章を書いたが、書いている間中、ずっと後悔していた。ほとんど総ての事に。そしてその事をあざ笑うかのように「あなたは文筆家として脇が甘い」と書かれた。一体誰がこんな板っきれの中でしっかり脇を締めてるってんだよ。単なるプロパガンダとマッチョの帝国じゃねえかこんな所。だったら脇なんざ甘くて結構だ。こちとら後悔しながら錯乱してんだ。さっき霊安室なんていう、生まれて初めて入る場所から帰ってきたばっかりだし、全く眠ってねえしな。脇なんか開けっぴろげだよ最初から。

最悪。自爆とはこの事だ。第一の書き込み者も、第二の書き込み者も、まさか僕がこんな、子供の喧嘩みたいな反応をするとは思ってもいなかった筈だ。それでも僕は、一方で、これがもしディベートであるなら言うだけの事は言ったし、挑発を受けて出ていったガチンコであるならば急所はしっかり突いた（どうせ相手は「絶対に認めない」という強硬策を採るしかないだろうが）。と考える事にし、残ったのは「強気な女の子の機嫌を損ねて怒らせてしまった」という、僕にとっては安全極まりない日常の問題にすり替えて、後は父の葬儀が密葬である事が壊れないように、そして、こんな詰まらない争いが肥大化しないようにここで呼びかける事で精一杯だった。つまらん争いに参加するな。闘いは、ずっと見てきたよ。クリスマス・イヴから。クリスマスから、正月から。デートコースのライブの時も、スパンクスのライブの時も危篤だったさ。激闘だったよ。そしてそれは終わったさ。

詰まらない争いは沈静化したかのようだったが、密葬である事は壊してしまった。僕が演奏をしている最中に、何人かの編集者（兄関係。僕は即座に、僕関係の編集者全員にこれが密葬であるから一切何も行わないで欲しい旨伝え、返答を得ていた）が通夜に訪れ、何本もの問い合わせ電話があったようだ（詳細は未確認）。僕は兄との約束を破ってしまい、後悔は極に達した。「死を前提とした成功」の、因果で甘き香りと共に。

そして、それは、やはりその通りになった。１９８９年。伝説のテナー奏者である武田和命が食道ガンで亡くなり、山下洋輔が追悼演奏をする。関内にある「エアジン」というジャズクラブで。彼とデュオの出来る若手のテナーは居ないか？　彼の書いたバラードが全部吹ける男で。山下と対応出来る奴。そこで呼ばれたのが25歳だった僕だ。

僕はこうして、追悼演奏をするためにジャズ界に呼ばれ、デビューした。最初の強烈な経験は、その人のほとんど総てを決める。僕が今やっているクインテット・ライブ・ダブは、黄泉の国とこの地表の数メートルほど上空を繋ぐ、エコーとディレイと、パルファムとドレスアップの音楽で、死と生を、憂鬱と官能を、記憶と失神を、サウンドと香り、ワインと料理によって溶解させる一種の祭壇で、それが追悼であればあるほど成功するという、具体的な宗教音楽以外ではジャズでしかあり得ない構造を持っている。父の死後3日目、僕がデビューした街である横浜のその名も「モーション・ブルー・ヨコハマ」の夜は、我ながら慄然とする程の美しいサウンドが響き続け、ティエリー・ミュグレーの「エンジェル」が香り続けた。

＊

「ジャズ&コーヒー　イースト・コースト」という店舗は辛うじてまだ残っていたが、鍵はしっかりと閉められ、中を覗く事も出来ない。昔10年以上通った店の、初めて裏側に回ると、マスターの名ではない表札が掲げられており、ドアチャイムを鳴らすと、入り口ではなく、彼方の2階の窓が開いて、ハルカリの片割れとしか思えないローライズの天使が現れて、裸足の足首をぶらぶらと動かしながら「誰？」と言った。黒貂のコートと黒革の手袋をし、サングラスをかけてピアスをした男を、露骨にいぶかしげに見下ろしながらの「誰？」だった。

彼女の膨ら脛と長い髪を見上げながら僕は「君は誰？ 下の店の事は知ってる？」と言った。「僕は下の店に良く通ってたんだ。今、東京でジャズをやってる。マスターが亡くなったって聞いてさ。君、知ってる？」「あー。あたしのパパのおー。おとうとー」「なるほど。今、パパはいる？」「仕事ー」「ねえ君、下の店の鍵とか持ってないかな？ 中に入りたいんだけど」天使は音もなく消えてしまった。

途方に暮れた僕は先ず店の看板の前で合掌した。マスター。間に合わなくてごめんよ。いつでもそうなんだ。

僕は、その店に良く一緒に通い、一時期アマチュアバンドもやっていた事があるO（彼はドラマーだ）という高校の先輩の家まで行ってみた。しかし、イースト・コーストから歩いて1分の所にあったO塗装店はなく、貸しスタジオとアマチュアバンドのライブのヴィデオシュート・サーヴィス兼業の会社があり、それが「趣味が高じて」という類の事である事を確信した僕はドアチャイムを鳴らした。しかし出ない。

二つの店を行ったり来たりしていると携帯が鳴った。

「うぉ！　菊地ぃ！　菊地でしょ！　今家のチャイム鳴らしたの」

「そうっす。Oさん。お久しぶりです」

「何だおめえ、お父さんの告別式じゃねえのか。今日は」

「そう。今終わって、マスターに線香あげたくてイースト・コースト行ったんだけど」

「今日は何？　銚子に泊まんの？」

「いや。6時40分の特急で帰る」

「えー？　おめえ。じゃあおめえもう1時間もねえじゃねえか。おし。俺が車出すから。マスターんちまで乗ってけ」

「有り難うございます」

20年振り以上の再会の挨拶もそこそこに、僕はOさんの助手席に座り、車は僕の卒業した中学を越え、卒業した高校にほど近い所で止まった。

「おう。降りろ降りろ菊地。今、俺が奥さん呼んでやっから」

ドアチャイムを鳴らし、スピーカーに向けてOさんは「こんばんは◯◯さんー。すんませんいきなりー。マスターに線香あげたいって奴が来てってね。お願い出来ますかー？」と、怒鳴るほどの大声で言った。

中から、マスターのお母様と思しき婦人が現れ「どうぞ」と言った。奥に通されると、昼間実家にあった物と全く同じ祭壇が、全く同じセッティングでそこにあった。閉じられた仏壇。白い敷布のひな壇に遺影。花。線香。香典。にっこり笑ったマスターの遺影と〈12月25日没〉。という筆書きの文字を見た瞬間、僕はぎりぎりで落涙を納めた。

クリスマスの日、全身にチューブが繋げられた末期ガン患者の父の事を想いながら僕が妻の誕生日のディナーを高速で食べ終え、都内のスタジオで『デギュスタシオン・ア・ジャズ』のジャケット用の写真を撮影していた日だ。「菊地くんは才能あっから、将来絶対有名になるよ〜ん。初リーダー・アルバムは、先ずウチで鳴らさせてよ〜ん（笑）」という台詞が、通い始めて2年目ぐらい（その段階で僕は未だサックスに触った事もない高校生だったんだけど）からの、マスターの帰りの挨拶の言葉であり続けた。

「菊地と申します。手ぶらで申し訳ありません」
「こいつ今、東京でジャズやってるんですよ。お母さん」
「そうですかあ、今ちょっと娘が出てて……」

と言うやいなや、マスターの奥様が帰ってきた。少なからず憔悴して、しかし落ち着いているように見えた。


「突然すみません。菊地と申します。今、東京でジャズ・ミュージシャンをしているんですが、僕、中学生の頃から。っていうか、最初にジャズのイロハを……」

「主人とライブに行った事、ありますよ」

「え……」

「ずっと昔……ですけど」

「そうですか………この度はその……」

「こいつ。親父さんが亡くなって、今日、告別式だったんですよ。それで、マスターに会いたいって」

「そうですか……ゆっくりしていって下さい……」

「あ……はい」


昼間と同じ様に線香をあげ、昼間と同じ様に合掌して、昼間と同じ様に、間に合わなくてごめんよ。と言った。何でも二つずつしないと気が済まないんだろう。間に合わなくてごめんよ。間に合わなくてごめんよ。出来たら必ずここに持ってくるから。出来たら必ずここに持ってくるから。

マスターが作ったあの自慢のスピーカーで。と心の中で言いかけた途端に、僕は図らずも落涙した。Oさんが「そろそろ電車の時間だろ。行くか？」と言った。

＊

こうして双子座の僕は、二つの告別式を終えて、今帰ってきた。正直まだ混乱している。しかし、はっきり確認した事が一つだけある。それは今後僕のイマジネーションの中では、街中がイルミネーションでキラキラ輝き、クリスマスソングが流れている風景と、目の前の危篤状態や遠くの死。のイメージとが不可分になるだろう。という事だ。そして、自分でも恐ろしい事なのだが、僕はその事をちょっと気に入っている。アジャストしたのだ。間に合わない事によって起こった、悲しみの悲しみの果てに。

ブルーズの神様。グルーヴの神様。僕を創り上げてくれた二人の男が立て続けに逝きました。二つの極端なイメージの対が、また一つ増えました。本当に返すべき所には、やっぱり返せませんでした。音楽をやります。だって、これ、だからまだまだやれ。って事ですよね？

そう天に訊くと、いつものように神は沈黙したままだ。僕は不謹慎極まりねえな。と思いながら、苦笑している。やったろうじゃねえか。思いっきりブルーにいったろうじゃねえか。と思いながら。

初出　「fontaine/degustation」〔追記2〕２００４年1月掲載日不明／のち『歌舞伎町のミッドナイト・フットボール』（小学館文庫、２０１０年）に収録

〔追記1〕

この箇所からの数段落に及ぶ経緯は、既に12年前の事であり、現在記憶している方は少ないだろう。これは「インリン・オブ・ジョイトイ」との炎上騒動（当時はそんな言葉はなかったが）であり、筆者自身も記憶が曖昧なので詳細は省かざるを得ないが、「インリン・オヴ・ジョイトイ」は大変な炎上屋で、筆者のみならず、有名、無名を問わず、数多くの人々に被害妄想的にビーフを仕掛けまくっている。

厳密には「インリン・オブ・ジョイトイ」というのはユニット名であり、「ヒラオカノフスキー・クラタチェンコ」（現クラタノフ・セルゲイ）というユニットのリーダーとタレントのインリンの二人で構成されていたが、クラタノフは当時ちょっとしたカリスマがあり、多少の信者がいた。文中の「あのサイト」とは、彼等の公式サイト（当時の）の掲示板の事である。筆者はタレントのインリンよりも、クラタノフと彼の信者達に囲まれていた（言うまでもないが、SNSなどない時代である）。

仕掛けられたビーフは、筆者が「クイック・ジャパン」誌で「インリンとドライヴデート」という企

画を受け（我が事ながら信じ難いのだが、実際にインリンと1日デートしたのである）、その記事に書いた事への言いがかりもしくは誤解で、最初は「あ、いかんいかん」と思い、親密かつ丁寧に自分のサイトで謝っていたのだが、クラタノフもインリンも彼等の信者も、接触してみるとかなりファナティックであり、謝れど謝れど「自分のサイトにはビューワーが○万人いる」「そこに来て謝れ」の自家中毒的な一点張りで、結局筆者はそこに赴き、自分のファンに向けて、〈ここには絶対に書き込まない様に〉と制した上で一人で大暴れをした（「キミは反米を謳ってるが、キミがしてる事はアメリカそのものだよ。日本人の倉田くん」「何万人かで潰してくれるそうなんでやって来ました。どうもこんにちは〜」）。文中にある通り、相手の急所も刺しまくったが、それへの反応は何もなく、事は自然鎮火した。

その後、「インリン・オブ・ジョイトイ」は、冒頭に書いた様に、四方八方へのビーフを繰り返しながらも、インリン単体はプロレスラーとしての活動中に結婚、妊娠を発表し、芸能活動は事実上の休業状態のまま、現在では故郷である台湾在住。育児ブログのみの活動であり、ヒラオカノフスキー・クラタチェンコは「クラタノフ・セルゲイ」と改名し（経緯不明）、何らかの活動を続けているようだが詳細は不明、2011年7月に、インリンも含めた「新生ジョイトイ」の活動をブログで宣言するも沙汰なし、2012年からはブログも止めてフェイスブックのアカウントを持っているが、筆者はアカウントを持っていないので入れず、勿論、まったく興味はない。

〔追記2〕「fontaine/degustation」は筆者の4番目の公式ウェブサイト（03年〜04年）

という訳で、今週は当欄お休み致します〔追記1〕

この1週間、僕が何をするか書いたら、君はきっと逃げてしまうよ。キスするどころか、指先一つ触る時間もないんだから。僕が忙しいのは何も今週に限った事じゃないさ。親父が死んだ翌日からステージに立ってる人間だからねえ。親父が焼かれてる時に宴会してた人間だからねえ。君の事を放っておいて、仕事ばっかりしてる。仕事ばっかり。何でこんなに仕事ばっかりしているのか、自分でも良く分からない。いつでも映画の撮影現場みたいなのが好きなんだよ。あれは平和な戦場だ。英語でオール・ザット・ジャズ。鉄火場や修羅場が大好き。寝る時は、倒れるように寝るのが好き。

でも聞いてくれハニー。今週1週間は、ひょっとしたら。まあ、そうだな。人生先の事は分らないから、あんまり大袈裟な事を言うのはクールじゃない。でも、僕の人生の中で、最も重要な1週間になりそうなんだ。最後まで聞いたら、君は泣き出すか、或いは笑い出すね。そうだと良い。君を泣かせたいよ。君を笑わせたい。だから、ピロートークにしちゃ随分と色気のない、ワーカホリカーのアラビアン・ナイトみたいな、神経症のシェヘラザードみたいな話だが、極めて詳細に。だ。教えてあげよう。千夜一夜。

先ず僕は、今、委任状を書いてる。印鑑証明とか、戸籍謄本とか、なんかそういうのがいっぱい要るんだよ。親父が死んで、自分でも全然知らなかった事が山ほど降りかかってきてね。そしてそれを用意して、その問題に備えた所で、27人分のテストの採点をするんだ。ペン大っていう私塾をやっていてね。それの試験だったんだ。今日は。試験って言ったって、これはむしろカウンセリングでね。各々生徒一人一人が、どこが解っていて、どこが解っていないか、把握しないといけない。それで、クラス編成をするんだよ。点が良けりゃ、良いクラス。何て単純な話じゃない。テストの答案ってのは、ある種のヌード写真だ。だから、一人一人、隅から隅まで見て、どの部屋に連れてゆくか決めるのさ。それが決まったら……そうだよ！　まだ今夜の話なんだぜ！　それが決まったら、作詞と作曲と編曲をする。

明日から3日間連続でスタジオに入るんだ。一日中だよ。いよいよ世界で唯一の、音楽からではなく料理から啓示を受けたジャズ・ミュージックであり、世界で唯一の、僕の最初のジャズのリーダー・アルバムであり、世界で唯一の、制作中に僕の親父が死んだジャズのレコードを完成させるんだ〔追記2〕。

月曜には、今までやってきた膨大なライブテープの中から、最も美しい時間を1分間だけ選ぶんだ。1分間だけ。砂金だね。言ってみれば。みんなの拍手も入れるんだ。アプローズは素晴らしい。何となくプロポーズと語感が似てる所も良い。それで、最高の1分間を見つけたら、それから、ダビングをして、編集をして、あらゆる加工をして、パートナーであるエンジニアくんは、いつも終わり頃には気を失いそうになってる。遊園地で子供に振り回されて、倒れそうになってる父親みたいにね。え？　そんな事してたのかって？　まさか。ただの一度もないね。デヴィッド・リー・ロスは、毎日朝の9時に歯医者に行くんだって。それで、歯医者に「凄い情熱ですね。ロスさん。それはどこから湧いてくるんですか？」って言われて「恐怖と復讐だ」って言うんだってさ（笑）。

火曜日にはベースとピアノとアフリカン・パーカッションが来てね、たった1分間の僕の歌のために伴奏をする。彼等は凄く優秀なんだ。素晴らしい演奏をする。それで、そのための歌を、今から作るって訳。思いっきり、死ぬほどブルーなのが良いな。聴いただけで鬱病が治っちゃうぐらいに。けけけけけけけけ。それで、その歌が出来たら、またエンジニアくんが青ざめるまで僕はあれをしてこれをして、やれるだけの事をみんなやって、倒れるように寝る。スタジオは僕の遊園地で、プロトゥールスは、僕の最高のオモチャって訳だ。

さていよいよ水曜日だ。建国記念の日に相応しいデイヴァがやってきて、僕のこのレコーディングはいよいよ終わってしまう。どんな事にも終わりはあるよね。だから、最後には最後に相応しいディヴァに降臨して貰わないと。そう。UAが来るんだ。総勢50人以上の音楽家が参加する、僕のオール・ザット・ジャズの、最後の最後に彼女に歌って貰う。もうトラックは出来てるし、彼女はそれをもう100回聴いたんだって。「アドレナリン出まくったわー。血管切れそうやー。絶叫するでー」だってさ（笑）。まあ、それは、彼女の声域の、一番高い所でわざと僕が作ったから。なんだけどね。けけけけけけけけけ。けけけけけけけけけ。

しかもだ。そうやってアルバムが完成し、お疲れさまー。とか言うだろうな。いやー。長かったですねえ。いろいろありましたねえ。とか言うんだろうな。みんな。でも、僕は、その足でそのまま六本木ピットインに演奏に行くんだよ（笑）。UAとハグもキスも出来ないな。残念だな。でも良い。東京タワーが待ってる。そして、東京ザヴィヌルバッハが六本木ピットインで演奏するのも、ひょっとしたらもう最後かもしれないみたいなんだよ〔追記3〕。

そして木曜日だ。昼間から6時間もデートコースのリハだ。何せ、全世界何億というビュージックの契約者が見る衛星放送生中継のライブだからね。途中でお尻が破けちゃったりしたら……カツラ？　カツラは大丈夫だよ。引っ張ってみ？　ほら？　ほら？　ヘアコンタクトって言うんだよ。凄いだろう。何？　気色悪い？　はははははははは。はははははははは。そんな事いったらいけないよ。僕より深刻な人も居るんだから。そして僕は、僕より深刻な人が居ないと安堵感がないんだから、彼等は重要さ（笑）。

んでそれが終わってさ、メンバーと一緒に「よっしゃあ、気合い入れて行こうぜ。えいえいおー！」とか言ってパブにでも入り、お互いの顔を張り合って燃え上がるような、勇猛果敢な英国ラグビー部みたいな真似はしないんだ。僕はアテネ・フランセの先生に早変わりして、急いで京橋まで移動し、将来の音楽家や音楽評論家達のためにアッパー・ストラクチュア・トライアドや転調について教えるんだ。夜の10時まで。

さあ、13日の金曜日。残念ながらジェイソンはいないけど……いやほら。デートコースじゃないからさ、デートコースならいるじゃんジェイソン〔追記4〕。それで何だっけ？　そうそう。13日の金曜日。僕のアルバムのマスタリングに絶好のロケーションじゃないか。そう思わない？　聖セロニアス・モンクの名曲にあったな。13日の金曜日。あれ入れようかな。

しかも、その直後、いよいよアルバムが製品化された瞬間にだ。感慨無量の涙を味わう暇もなく、またしても僕は先生に変装して、ペン大の新学期初日の授業に向かうんだ。理論科初級クラスの新入生数が20人になっちゃってさ。ペン大自体が90人以上になった。頭狂ってるよ。ペンギン音楽大学。っつうんだぜ（笑）。ちゃんと学長が居るんだよ。南極から来るの。だから温泉に入れない。熱くて（笑）。「遺憾に思います」だってって（笑）。

さあもう週末だ。聖バレンタインの日。僕は南さんと一緒に、僕がデビューした横浜の小さいジャズクラブに演奏しに行くんだ。二人でさあ。もうさあ。バレンタイン・デーに。だぜ。どうよこれ？　どうなのよこれ？　ねえこれ？　しかし何でショコラなのかねあれ？　メリーチョコレートか何かが仕組んだ陰謀でしょあれ〔追記5〕。南さんに訊いた事があるんだよ、「南さん。一番好きな食いもんは何ですか？」って。そしたら一拍も入れずに即答したよ。ダンディとはこの事だよね。「天麩羅そば」

歴史にもしもは禁物とは言え。だ。もしも2月14日に商売する事をメリーチョコレートじゃなくて、藪か砂場が仕組んでたら、この日なんて大変だぜ。何十杯も天麩羅そばが届くんだ。せっまーいジャズクラブに。あははははははは。湯気で譜面が見えねえよ。はははははははははははは。海老が北朝鮮のだ。つって南さんが怒る訳よ。はははははは。はははははははは目に浮かぶなあ。僕はここで、追悼ライブのために呼ばれてこの世界に入ったんだよ。山下洋輔って人とデュオでね。横浜もさあ、どんどん変わってゆくよな。

さあてそして諸君。この週末には何があるかな？　この、ユダヤ人のエージェントかなんかいたら、一週間分の生命保険にでも入れられそうな6日間を乗り越えて（あ。そうそう書き忘れてた。この間、僕は毎日、次のエッセイ集の書き下ろしの分を書いているのだ。うははー）。2月15日。アフターバレンタインデーには渋谷で何があるのだろうか。みんな知ってるよね。僕も知ってる。アレをやるんだよ。けけけけけけけ。アレだアレだ。

みんな来て欲しいな。みんな。みんなに。だって、デートコースは東京では今年、たぶん3回ぐらいしかやらないんだ。っていうかやれないんだよ。東京の力を見せてくれ。僕を。僕そいつでぶっ潰して欲しいんだ。勿論。勿論だ。みんなは勝手に踊ってくれ。僕はこのステージを、勝手に自分の父に捧げるから。

死ぬほど恰好良くて、女にモテて、最高の料理を作り、僕の事を全く構わずに、いつでも自分の事ばかり考えていた、憧れの、そしていつか僕がこの手でブチ殺そうと思ってたのに勝手に死んじまった。最愛のあの父にね。パフュメの習慣は、彼から教わったんだ。

さあ。楽しもうぜ。だって楽しむ以外、何が出来るっていうんだ？　悲しみも、怒りも、嘆きも、爆笑も、全部楽しんじまえ。今週末に来るディオニソスはかなりでかいよ。僕が保証する（ウインク）。

初出「fontaine/degustation」２００４年２月９日）

〔追記1〕

この文章自体は、筆者のバンド「デートコース・ペンタゴン・ロイヤルガーデン」（当時。現在の名称は「dCprG」）のライブ告知のフライヤー〉として、つまり煽り用の掌編として書かれている。

筆者の文筆家デビューのきっかけは、「ウェブサイトに掲載するライブの告知が無味乾燥だと目立たないので、そこにエッセイを添える」習慣があり、それを読んでいた編集者がいた事に依る。原文にはこの下に、メイン情報としてのライブ詳細が掲示されていたが割愛した。

またタイトルである「当欄お休み」は、「これだけスケジュールが入っているので（そして喪中なので）、ブログの更新は1週間ありません」の意。

〔追記2〕筆者初のソロアルバム「デギュスタシオン・ア・ジャズ」の事。
〔追記3〕六本木ピットイン、閉店に伴い。閉店はこの年（04）の7月。
〔追記4〕「ジェイソン」は、当時そのバンドのギタリストだったジェイソン・シャルトンの事。
〔追記5〕実際は英国のキャドバリー。「バレンタイン・デイ用の粒チョコレートの詰め合わせ」は、ヨーロッパではなく、むしろ日本で定着した。

My eMac (2003 - 2006.5.17)

今日で君とお別れ

と、パソコンに言いながらキーパンチしております。ノーバート・ウィナーに依れば人間は思ったよりも機械ですし、機械は思ったより人間なので（ウソよ。『人間機械論』はそげな本ではないですたい。サイバネティクスの本ですばい。サイエントロジーじゃないよ。良くごっちゃにされるので）心を込めて語りかけると通じるそうです（ウソだと思いますが）。

ワタシも前の前のパソコンが具合悪くなった時は感情移入のあまり「固まるんじゃねえ。何か言え。殺すぞ。本当に殺すぞオラ」と言いながら実際に持ち上げてたたき落とすそぶりをする。という、我ながら血も凍る恫喝を行いまして、何とそうするとパソコンが実際に動き出すのでした。

とはいえ恫喝だけではいけません。他者を自在に掌握するには雨と無知、つまり頭から水をぶっかけてからそのまま寒空に連れ出し、

「ああ寒い寒い……それに恥ずかしい」

「はいークイズです。フランスの３大酪農産地はブルターニュ、ノルマンディーと……」

「ロ……ロアール」

「ですがあ！」

「……ああ……」

「では、乳牛の品種でワタシが一番好きな物は以下の中のどれでしょう？　肉牛じゃないですよ。主に生クリームにするための乳牛としての品種です」

「やった３択……」

「では12択です。ノルマン、プリモ・ホルスタイン、ピ・ノアール、ピ・ルージュ、アボンダンス、タランテーズ、モンベリアールドゥ、パルトネーズ、サレール、ラコーヌ、アルピーヌ、ザーネン」

「……えええ……」

「はいヒント。ドイツ語の精液に似ています！」

「……ザ……ザーネン？……」

「え？　何？　聞こえない。もっかい言ってみて」

「……」

「もっかい言えっていってんだよ。聞こえねえのかよオラ。あのなあテメエの耳引きちぎるなんて簡単なんだぞ」

「……」

「こうやってなあ（耳たぶを思いっきりつまみ上げ）あと一気に引っ張ったらなあ。ビリッとなあ」

「ザーネン」

「うっわ!!!」

「……」

「うっわすごい!! ……すごいじゃん！ よく解ったなあ!! 12択もあるのに!! うっわー、マジ驚いた。ちょっとごめん眩暈しちゃった。ちょっと横んなって良いかな？ ……ふ〜。……ふ〜。……ふううう〜。すごいじゃん。えらーい！ 良い子ー！（満面の笑みで）もう大好き〜！」

と言って毛布をかけてやってから思いっきり抱きしめる。といった……振りが長い上に面白くなさすぎましたが（ボケが500字近く前じゃない）……事ではなく、飴と鞭ですから、一方ではパソコンの前に座って、得意の木村拓哉さんのモノマネで、

「あのね。ホントにさあ。オマエのお陰で俺は著述家としての道が開けたわけえ（横を向いて軽く鼻をこする）……（ちょっと早口で笑いながら）オマエが居なかったら俺なんかアレよ。ニートよ。ニート。

ってかニート以下よ。ムショ確実よ！　ぜってーやらかしてたと思うもん！……だあらあ……何て言うかあ……（横を向いて軽く鼻をこする）……一番……そう……（真剣な顔になり真っ直ぐに瞳を見つめて）一番大切。……なんだよ……オマエが……うん（横を向いて以下略）」

等と、90年代風な飴を（以下略）、という訳で今日でこのパ、ソ、コ、ン、く、ん、と、も、お、別、れ、なのです。

今ワタシは全裸になって涙をぽろぽろこぼしながら、固く固く折れるほどに抱きしめ終えたパソコンのボディを涎でびちゃびちゃにし、赤熱して湯気を上げているペニスでキーパンチしています。当欄の平均から言うとかなり大胆な描写ですが事実なのですから仕方がない。ご容赦下さい。

今日はペペ・トルメント・アスカラールのレコーディング（サックスのダビング）をしてから渋谷のアップルストアでＮＨＫのポップジャムの収録がありまして（いらして下さった皆様感謝致します）、クインテット・ライブ・ダブでライブを行い、その後そのままアップルストアで新しいパソコンを買いまして（それにしても凄いですな〜。有名人割引というのは。何と１２０％オフ‼　40万のパソコンを買ったら、パソコンをくれて8万円キャッシュがついてきました）、産経新聞関連の経済紙からインタビューを受けまして、女性インタビュアーの方が「何で歌舞伎町に住んでるのでしょうか？」「菊地さんのこだわりって何でしょうか？」といった、非常に何というかこの。純朴な方。でしたので、ウソばっかり喋ってとても面白かったです（笑）。

さようなら僕の相棒だったeMac。自由が丘のヤマダ電機で君と会った時「わたしは教育用の機種だったのですが、意外な人気のために製品化され、ボディの曲線も可愛いと言ってくれる人が多いんです。わたしはこんな太めなお尻は恥ずかしいんですが。でも菊地さん。わたしはあなたに買われたいのです」と言ったよね。紹介してくれたのはDCPRGのゴセキくんと、当時のゴセキくんのガールフレンドだった。君と一緒にどれだけの文章を書いたか。君と一緒にどれだけの夜を過ごしたか。バイバイ。お疲れさま。亡骸は「激落ちくん（家電品〜AV機器用）」でピカピカに磨いてあげる。僕の父親の時みたいに。

初出「PELISSE」２００６年5月18日〔追記1〕

〔追記1〕「PELISSE」は筆者の5番目のウェブサイトで、04年の父親の死去を受けて、歌舞伎町に引っ越す際に閉じた前ウェブサイト「fontaine/degustation」から約2年のブランクを経た06年に再開されたもの。震災後の年末まで5年間継続した。

Michael Leonard Brecker (1949.3.29 - 2007.1.13)
Alice Coltrane (1937.8.27 - 2007.1.12)

母ちゃん偉い（姉ちゃんも偉い）

――マイケル・ブレッカー／アリス・コルトレーン追悼

ジャズファンには既に旧聞でしょうが、マイケル・ブレッカー氏とアリス・コルトレーン氏が立て続けに亡くなりました。アリス・コルトレーン氏はジャズ界のオノ・ヨーコとでも言うべき存在で（オノ・ヨーコ氏への評価は個々人によって大きく分かれますが、ワタシは非常に高く評価していますし、もっと直接的に、とても可愛く、強いお母さんだと思っています）、単なる末期コルトレーンのパートナー、ピース／メディテーション系ジャズの個性的なピアノ／オルガン／グランハープ奏者。というだけでは済まされない重要性を持った人物ですし、間違いなく現代のジャズ・ジャイアントの一人であるマイケル・ブレッカー氏はまさにワタシの青春と言って良い存在であり、何かを書こうにも言葉を失ってしまいます。ご冥福をお祈りすると同時に、世界でワタシにしか書けない暴露話を書こうと思います。もう時効でしょうから。アリス氏に関する話です〔追記1〕。

ベルギーのコンテンポラリー・ダンスカンパニー「ローザス」をご存知の方は多いと思います。彼等が公演名を「ビッチェズ・ブリュー／タコマ・ナロウズ」とし、音楽にマイルスの『ビッチェズ・ブリュー』を大々的に使った事がありました。

来日公演は05年の4月で、ワタシは「流行通信」誌のオファーで、この公演を鑑賞し、ローザスの代表であるアンヌ・テレサ・ドゥ・ケースマイケル女史と対談する。という仕事をしました。エレクトリック・マイルスをダンス・ミュージックと考えるクリエイター同士の対談。といった構えです（結果として記事になりましたので、「流行通信」のバックナンバーで見る事が出来ます）。

ワタシはコンテンポラリー・ダンス全般に関して、やや不感症気味なのですが（嫌いと言う訳ではありません。とても素晴らしいのは解るのですけれども、ガツンと来ないのです。ロックに似ています）、ローザスに関してはかなり素晴らしいと思っていたので、依頼を引き受けたのですが、しかし、それがマイルスの、しかも『ビッチェズ・ブリュー』を使う。と聞いた瞬間（厳密には「ローザスは次、マイルスのアルバムで公演を行うらしい」という話は、数年前から業界うわさ話として聞いていたのですが）、何か胸騒ぎの様な物を覚え、会場に向かいながら「どうなるかな。今日は」と思っていたのでした。

果たして公演は、観るに耐えない最悪の。という事はなかった物の（そういう強烈な陰性感情を起こさせる芸術というのは素晴らしい訳です）、マイルスのファン、クラブミュージックのファン、更には、それまでのローザスのファンとして観ても「ちょっ～とどうかなこれ。う～む。」といった物で、ワタシが下した具体的なマイナス評価ポイントについてはこの文章の主旨とは関係ないので端折りますが、王立芸術学院卒業のエリートであり、化け物の様にプライドの高いカリスマ、ケースマイケル女史は、絶賛と信仰、或いは罵倒と無視には慣れていたのでしょうが「ちょっとどうかと思いますよ。うーん。あのですねえ、ワタシ思うのですが」といった物言いには慣れていなかったか、単にワタシとバイブレーションが合わなかったか、対談はワタシの対談史上、最悪に険悪な物になりました（同時通訳の方がすっかり滅入ってしまい、申し訳ない事をしました）。

ワタシは、これは本当に数年に一度の発作なのですが、罵倒と嫌味を言い始めると止まらなくなってしまう事があり、自分でも（ああいかん。来そうだ来そうだ。来る来る。もうダメだ）ドカーン。と、まるで嘔吐の様な感じなのですが、この日は完全にスッキリするまでやってしまいまして（笑）、今思い出しても赤面の至り。なのですけれども、その時は「世界中の誰かが言っておかなければいかん」という、義務感の様な物まで感じていたのです。「舞台にＤＪブースを設置されていましたが、クラブに行った経験は？」と伺った所「ある訳ないでしょ。忙しいもの」と言われた瞬間に、スイッチがゆっくり丁寧に押されてしまったのですね（笑）。

「バレリーナの踊るジャズ。ですよね？　コンテンポラリーと仰いますが〈ウエスト・サイド・ストーリー〉と変わらない様に思いますが」「そもそもリズム感がおかしいですあれは。ビートを聴かない様に指示しているのですか？」と、これは、氷山の一角です。

掲示板に書いたとか、メールで送った。ではありませんよ。公演直後の本人に、目の前で直接言ったのです。通訳の方もさぞかし嫌な思いをしたと思われますが、何にせよ「誇り高く、気の強い女性がキレる」事にちょっとしたフェティッシュな喜びを感じるワタシにとっては、非常に申し訳ない大収穫を得てしまった恰好になり（ケースマイケル女史は氷の様な表情のままでワタシを睨みつけていたので）。

とはいえ、こうした心理状態というのは、放っておいても大抵和平に向かう訳で、ワタシとケースマイケル女史もやがて角が取れ、凪の様な状態になったのですが（後半の、タコマ橋の決壊。の部分に話が至り、簡単な精神分析の様になってから、急激にムードが反転したのですね）、その時ワタシは何気なく「またジャズを使いますか？」と質問したのです。

ケースマイケル女史はこう答えました「ええ。次はコルトレーンの〈至上の愛〉を使いたいのよ」内心でワタシは（ええ？）と思いました。『至上の愛』と言えば、言うまでもなくこれはあの『至上の愛』です。エルビン・ジョーンズ、マッコイ・タイナー、ジミー・ギャリソン、そしてジョン・コルトレーンによる、アコースティック・ジャズ史上最大級のアフロ・ポリリズム曼荼羅であります。あの作品に拮抗するジャズ・ポリリズム（アフロ系）作品は、マイルスの第2期黄金クインテットによるスタジオ4部作（『ネフェルティティ』『ソーサラー』『E.S.P.』『マイルス・スマイルズ』）しかあり得ない。まあ、もっとも、ダンス向きなのは、ほぼファンクミュージックの構造にも近い、ワンオスティナート遵守のロングプレイである『至上の愛』の方ですが。

「でも、アリスがイエスと言わないのよ。彼女が権利を持ってるの」と苦々しげにケースマイケル女史が言った時、ワタシは再び内心で（やった・笑）と快笑してしまいました。

「デモのVTRも送ったのに」と彼女が少々寂しげに言うので「どうしてオーケーが出ないのでしょうね？」とワタシは尋ねました。内心で（やめとけよ。お嬢ちゃん）と思いながら。

「リズム感が違うって言ってきかないのよ」と、再び苦々しげに女史は呟きました。ワタシはとうとう堪えきれず、内心ではなく、声に出して「そらそうだ!!!　はははは!!!」と笑ってしまいました。内心で（アリス偉い。素晴らしすぎる）と褒め讃えながら。

誤解なきよう強調させて頂きますが、ワタシはローザスが嫌いだとか、ケースマイケル女史が嫌いだとか、ましてや、クラシックバレエを源流に持つコンテンポラリー・ダンスはジャズを使ってはいけないのだと言っているのではありません。『東京大学のアルバート・アイラー（赤）』の「ダンス」の章をお読み頂ければご理解頂けると思うのですが、ジャズとダンスの未来は、まだまだ無限と思える可能性を秘めており、「アフリカ」と「バレエ」の融合。に関してさえ、実はまだ、ほとんど何も起こってはいない。と考えています。ローザスが『至上の愛』を使って、素晴らしいダンスの未来を示す事は、可能性としてはゼロではない。不幸にしてそれが搾取的に見えるか、逆に蒙昧な崇拝に見えるかも、この際どうでも良い、結果がよろしければ良い訳です。

しかし、この日の「ビッチェズ・ブリュー／タコマ・ナロウズ」は、「現代音楽はやり尽くしたから、ジャズやクラブミュージックでも」といった安易さが、少なくともワタシの目には映ってしまった。ポリリズムの構造を、「混沌」「即興」という、非常に目の粗い捉え方しかしないままに、手軽に使ってしまった感が払拭出来なかったどころか、前面に露呈してしまった様に思えたのです。

ワタシが対象の構造を、読める限り読む様にしているのは、フランスの哲学史に於ける構造主義を援用しているから。だけではありません。構造を読む事は、対象に対する、ほぼ唯一の敬意だという、ワタシなりの倫理によるものです（敬意さえ払えば倫理は完遂する。とも思ってはいません。これは、ギリギリの話なのです）。

ローザスのそれまでの公演は、リゲティにしろグラスにしろ、楽曲の構造に対する理解／敬意が伝わってくる物でしたが、残念ながら「ビッチェズ〜」を観る限り、『至上の愛』へと進むのは、輝かしい結果を残せるとは思えませんでした。リゲティやグラスは、ケースマイケル女史にとって、同じ水を飲み、同じパンを食べていた人々の事なので、その、見事な構造読みも、水を飲み、パンを齧る様な事だったのかもしれません。

そして、この公演すら観ていないまま、世界有数のコンテンポラリー・ダンスカンパニーからの依頼を「リズム感がそもそも違う」と一蹴したアリス・コルトレーンの頑固さ、食えなさ、に感動したのです。

そりゃあ違うに決まっているのです。そういった誤謬や齟齬だけが文化を発達させて来たと言っても良い。20世紀というのは、その事が既知の事実になり、融合や混血に関して絶対的な正義とは言わないまでも、何の保証もないままに、文化的にちょっと良い事であるかの如く、ホイホイやらかす事が当たり前の時代でした。長い時間をかけて血のにじむ様な混血と発酵を繰り返して来たハイブリッドと、何かちょっとマンネリになったから次は民族音楽でも取り入れてみっか。というお手軽ハイブリッドが、良くも悪くも等価になった時代です。これこそポスト・コロニアルな話なのですが。

アリス・コルトレーンが「偉大な亡夫の業績を発展させてくれるダンスカンパニーの存在を嬉しく思います」か何かでオーケーを出せば、それは金銭的にも名誉的にも、莫大な効果を生んだでしょうし、20世紀的に見れば、むしろ「当たり前の事」でさえあると思います。それを断固として拒んだまま亡くなったアリス・コルトレーン母さん（『ビレッジ・ヴァンガード・アゲイン』のジャケットを見て下さい。子供服を着たジミー・ギャリソンは、アリス・コルトレーンの手をしっかりと握っています）は本当に素晴らしいと思います。

そして、同じ様に、断られたケースマイケル女史の苛立ちも素晴らしい。文化というのは、融合さえすれば素晴らしい訳ではない。すれ違いや、とうとう果たせなかった事にも素晴らしさはあるのだ。という、当たり前の構図がここにあります。

『至上の愛』で「踊る」。という発想／欲望は、ジャズサイドからは決して生まれ得なかったでしょう（黒人ジャズファンが、部屋で『至上の愛』を聴きながら、普通に立って踊っていた。という事は、いくらでもあったでしょうが）。果たせませんでしたが、そして果たせなかった事が、実に素晴らしいです。

いよいよ録音機材のスイッチが切られ、もうアフターアワーズ。といった時間になると、ケースマイケル女史は「ねえ？　あなたジャズメンでしょ？　アリスと関係ある人の連絡先知らない？」と、やがては「ねえ？　どうやったらアリスを説得出来ると思う？」と、苛立ちながら訊いて来ました。「俺は息子のラヴィ（コルトレーン）と共演した事があるだけで、知り合いとはとても言えないけど……まあその。無理じゃないかな（笑）」とワタシは言い、会場を後にしました。

この話は、所謂オフレコの類ですので、今まで大っぴらに書いたり話したりはして来ませんでしたが、勿論「アリスが死ぬまでは」というリミットを切っていた訳ではありませんでした。アリス・コルトレーンの訃報は、ケースマイケル女史にも届いている筈です。再び、アリス・コルトレーン氏のご冥福をお祈り致します。ごきげんよう。

初出「PELISSE」２００７年１月15日

〔追記１〕このエピソード並びにその後日談は、拙著『M/D』に掲載されている（「ベルギー王立音楽院のビッチェズ・ブリュー」）。本文に比べ、かなり赤裸々で事実に忠実な内容になっている。ご興味のある方はご参照のほど。

Hitoshi Ueki (1926.12.25 - 2007.3.27)

日常とニュース

——植木等逝去

マイコプラズマ肺炎による長い休暇のツケを支払い中。しかしペペのリハーサル、NHKとの打ち合わせ、美学校、ペン大、J-WAVE、あらゆる取材、あらゆる原稿。と、春先特に事もなく、坦々と過ぎておりますが、そんな日常にもKマート閉店。DSEがUFCに吸収。植木等さん逝去。等の大きなニュースが入って来ます。植木等さんについては言葉はありません。ご冥福をお祈りするのは言うまでもなく、ワタシがここ数年、最も頭を悩ませた事は「J-WAVEで植木等追悼にどの曲を流すか」という事になりました。4月3日にオンエアされます。

初出「PELISSE」2007年3月29日

浅草仁丹塔と赤いソノシート

――植木等2

今晩は菊地成孔です。火曜日THE UNIVERSEの時間がやって参りました。

世界有数の人工都市新宿歌舞伎町からやって来たワタシですが、新宿歌舞伎町にも道端の桜はございます。職安通りならばグレート・インディアの前に1本。さらに日本電子専門学校の前に2本。花見客もないその桜は、在日コリアン、ホストやヤクザ、あらゆる水商売、そしてワタシの肩に花びらをゆっくりと落としております。そしてそんな新宿に桜が咲き始めた頃に植木等さんが亡くなりました。

若い世代の方には何故ワタシがここまでパセティックなのかは解りますまい。ワタシにとって90年代というのは、クラブカルチャーの時代でもバブル崩壊でもなく、クレージーキャッツが一人また一人と亡くなっていく時代でもありました。ここがスタジオではなくバーや居酒屋、そしてワタシの部屋ならば、ワタシは自分のレコードコレクションと本とＤＶＤを駆使して、一晩中でもクレージーキャッツについて語ることができるでしょう。

この数日間、ワタシの頭の中はJ-WAVEで流す植木等さんの追悼の曲を何にすべきか。大袈裟ではなくその事でいっぱいでした。幾十、幾百、そして幾千の曲が駆け巡りましたが、結局ワタシの頭の中を最初から最後まで流れ続けていたのは、不条理な事にこの曲でした。何故この曲なのか。根拠はまったく解りません。

ワタシは基本的にはフロイド派ですけども、今回はユング派の基本的な考え方。何でだか解らない、ある種不気味な閃きの中に何か深いものがある。という教えに従わせて頂きました。自らの直感だけを頼りに、この曲を天国の植木等さんに捧げたいと思います。ではお聞き下さい。本日の1曲目。マイ・リトル・ラバーの「YES」。

（曲が流れる。終了後に）

今やもう解説が必要な時代ですけど、植木等さんといったらジャズヴォーカリスト、ジャズギタリストあがりで、そこからスピンしてタレントになった方です。タモリさんもそうですけど、言ってみればワタシが今いる業界の先輩とも言えます。

だから、ワタシはギタリストとしての植木さんがタル・ファーロウが好きだったとか、マニアックな知識も持ってますけどね。とはいえ、友人から「植木等さん亡くなったよ」と言われた瞬間、何故かワタシの頭の中に鳴り出したのがマイ・リトル・ラバーだったのには我ながらショックでした（笑）。なんかバチンと決まっちゃって、鳴り止まなかったんですね。やっぱり悲しいという感情はとてつもない物を呼び寄せますな。ユング派の考えではそれこそ集合無意識と言いますから、どこかに「いや、それ分かるよ」っていう方がいらっしゃることを信じながらプレイさせていただきました。

若い世代ではない、アダルト派の方はこの感覚がよく解ると思うんですが。これで何人だ。あとクレージーキャッツで残されているのは、谷啓さんと桜井センリさんと犬塚弘さんだけじゃないかな。たった三人でしょう。ドリフターズではいかりやさんと荒井注さんしか亡くなっていません。全員が亡くなる日がくると思うと、ドリフターズ世代の方は感じる所があるんじゃないでしょうか。

ワタシにとってはそれがクレージーキャッツなんですね。本当言うとワタシよりも少し上の皆さんがクレージーキャッツ世代なんですけど。ワタシはよくあちこちで言っているように兄貴の部屋にあったものを見て育ったんで、ドリフターズよりも圧倒的にクレージーキャッツです。

浅草東宝でクレージーキャッツの映画のオールナイトを見に行って、朝になっちゃったんで、しょうがねぇからまだあんまり流行ってない浅草駅の所のダンキンドーナッに行ってね。20年前のワタシの青春のモニュメントですよ。ワタシ、ギリギリ仁丹塔見てますからね。わかんないでしょ。仁丹塔っていう「日本のピサの斜塔」って言われたのがあったんですよ。スタッフ全員ものすごいキョトンとした顔してますけど（笑）。結局神谷バーで電気ブランでゲロ吐いちゃったりしてね。

ワタシ、家にクレージーキャッツ関連のものはいっぱいもっていますから。多分「クレージーメキシコ大作戦」のVHSを持っているジャズメンは日本でワタシだけです（笑）。「メキシコ大作戦」っていうのは、クレージーキャッツの映画の最後の方の一番だめなやつ。頂点は「クレージー黄金作戦」っていうラスベガス撮影の映画で、「金だ金だよキンキラキンのキン」って一番高いところを谷啓さんが歌うんですよね。ファルセットで（笑）。これはビジーフォーならグッチ裕三さんの役回りです。

クレージーキャッツの元の名前は「ハナ肇とキューバンキャッツ」っていったんですよね。キューバンたってあれですよ。あの、刻んでポン酢で喰うと旨いタコの足についているやつじゃないですよ（笑）。キューバ音楽の事です。それで、キャッツっていうのはジャズメンの事です。何とか劇場でやってる、「一瞬一瞬がみんなドラマだニャー」みたいなあれじゃないですよ。浅

ちょっと語りがAMっぽいな。くだらなすぎる（笑）。というところを反省しながらジワジワと進めているわけですが。

浅利慶太さんです。浅利慶太さんの方じゃないです。いや、サリフ・ケイタさんじゃないです。

お前、マジメに追悼する気あんのかって話ですけど。植木等さんも本当はマジメな方だったのに、役割上「無責任男」を演じられてね。まぁ、気持ちは解るわけですよ。で、当時キューバップといって、マンボとジャズが合わさった音楽っていうのがちょっと流行ったんです。ハナ肇さんも最初はそっちでいこうとしたんですけど、途中から方向転換してクレージーキャッツになった。

クレージーキャッツの音源は沢山持っていますが、今回はかけません。本当は両手一杯に抱えて、次々に聴きたいとも思います。何せワタシは一番初めに聴いたソノシートがクレージーキャッツですから。兄貴の部屋のプレイヤーの中にあったんです。A面が「五万節」。B面が谷啓のリードボーカルで「ヘンチョコリンなヘンテコリンな娘」（笑）。

これはクレージーの曲のほとんどを作曲している萩原哲晶さんって天才アレンジャーの仕事です。冒頭で混声合唱団がベートーヴェンの合唱曲みたいに「ヘンチョコリンなヘンテコリンな娘〜」って歌うんですよ。しかも、そんな仰々しい始まり方なのに、谷啓さんってちょっと声が小さいんで、歌が始まるとウィスパーなの（笑）。

これにはやられました。幼稚園児からしてみたら、こんな面白いもんがあるのかっていうね。レコードっていうのは何だろう。ラジオよりテレビより面白いぞと。それは真っ赤なソノシートで、折れないように折れないように大切に取っていたんですけど。ソノシートって結構摩滅が激しいから、あんまりワタシが聞き過ぎたんで、結局音が出なくなっちゃった。あの曲を今持って来てかけたいな。という誘惑もあるんですけど、やっぱり止めにしました〔追記1〕。

今日の気持ちとしては、クレージーキャッツに対する愛を超えた何かですよね。ちょっと異常な愛情というものを漲らせつつ、かける盤は全部別の物っていう感じでいきたいと思います。

そういうわけで、火曜日にJ-WAVEを捻ってしまったためにこんな放送を聴かされるというのは一種の事故かもしれませんが、この事故っていうのが大切で。ワタシが兄貴の部屋で「ヘンチヨコリンなヘンテコリンな娘」を聴いたのも事故です。あれを聴かなかったらワタシ、今頃会社の営業とかで結構良い成績を上げていたと思いますよ。「やるなあ、今月も菊地だ」みたいな（笑）。

ですが、気がついたらこんなジャズメン崩れなアレに……いや、まだ崩れてないですけど。ギリギリ保ってますけど（笑）。ジャズメン崩れのタレントみたいな線をまっしぐらでね。それもこれも兄貴の部屋にあんなソノシートが置いてあったからです。

それでは、次の曲を聴いてみましょう。マチートと彼のオーケストラで『アフロ・キューバン・ジャズ組曲』という名盤から2曲続けてどうぞ。

（曲が流れる。終了後に）

これがキューバップです。こういうものが流行っていた中からクレージーキャッツも出てきたんですね。今の若い人がラテンのビッグバンドを聴いても普通にビッグバンドの音だって感じると思うんですが、昭和30年代末に生まれた我々の世代だと、ビックバンドがバーンっていうとコメディアンが登場する音楽に聞こえてくるんですね（笑）。これは完全にクレージーキャッツの責任です。

Machito and
His Orchestra
「Afro Cuban Jazz Suite」
『Afro Cuban Jazz Suite』
Verve / 1951 所収

初出　81.3 FM J-WAVE「THE UNIVERSE」（Tuesday）第27回／2007年4月3日

〔追記1〕約5年後、TBSラジオ「菊地成孔の粋な夜電波」に、作家／実兄の菊地秀行氏がゲストで出演した際、当該曲を含む「兄のレコード」総てをプレイし、二人で聴いた。菊地秀行氏のコメントは「俺、こんなレコード持ってたっけ」

Toshihiko Shimizu (1929 - 2007.5.21)

書かれない話
――清水俊彦氏逝去

ジャズ評論家である清水俊彦先生が逝去された事を、遅まきながら本日確認しました。数日前に、病床に臥せっていた先生の身の回りの面倒を見ていたN氏から着歴があり、彼から電話がかかって来るという事は、そういう事だ。と直感的に判断したのですが、J-WAVEの収録中であり、数日後には（つまり今日の事です）その彼に会うので、その時に確認すれば良い。と情報にあたる事を固くペンディングしていたのです。パソコンのモニター越しに確認したくなかった。と言いましょうか。

清水先生の業績について、ワタシがあれこれ書くのはむしろ無礼なほどです。大友良英氏の日記に（おそらく）詳述されているでしょうから（未確認。間違っていたら申し訳ない）、そちらをご覧頂くか、ご面倒でも検索してみて下さい（同姓同名の、脳神経外科の医師の方がいらっしゃいますのでご注意を）。

さて、今から臆面もない自慢話になるので、野暮がお嫌いな方はここで読むのを止めて下さい。我が国に現在、どれだけのジャズ評論家の諸先生方が居るのかは定かではありません。が、少なくとも60代以上で。としたならば、ワタシの演奏を聴きに来て下さっていたのは、相倉久人先生と清水俊彦先生のお二人だけです。

そして、にも拘わらずワタシはちらほらと他のジャズ批評の先生方の文章に登場するのですが、そのほとんどが、ワタシを縄張り荒らしのジャズ評論家として扱っております。諸先生方にとって、ワタシという人物の認識は縄張り荒らしをするジャズメン。なのであります〔追記1〕。

あらゆる誤解を恐れずに書けば、ワタシはそうした状況に対して、非常に満足しております。というか、懐かしいのです。ワタシは「脅かすつもりなんかないのに、脅かしてしまう」という属性によって、非常に豊かな目に遭ってきたので、自分が誤解されずにすんなり進んで行くと、むしろ物足りないし、逆に、色眼鏡なしでストレートに理解してもらえた時の喜び、が一段と二段と、三段と増すからです。

清水先生は、晩年、おみ足を悪くされていたので、さすがにデートコース（DCPRG）のライブにお誘いする事は出来ませんでした。しかし、クインテット・ライブ・ダブ、キュア・ジャズ、ペペ・トルメント・アスカラールのライブには足しげく通って下さり、特にクインテット・ライブ・ダブがお気に入りのご様子でした。

一番最後に先生にお会いしたのも、クインテット・ライブ・ダブのライブ会場でした。先生は終演後、やや紅潮した面持ちで控え室にいらっしゃって「菊地くん。いやあ。本当にね。今日は驚いちゃった。いやあこんなにね、素晴らしいジャズを聴いたのは久しぶり。うん。こんな良いモンを聴かせてくれてね。本当に感謝しなくちゃ。僕は嬉しいよ。ありがとうね」「こういう音楽やってるのに、菊地くん達はちゃんと揃いのスーツ着てるでしょう。そこがね。良いんだね。うんうん」と仰り、ワタシの両手を握って何度も上下に振ったのです。

この時のワタシの気持ちと思考は、文章にする事が出来ません。

先生は晩年の10年は体調のせいもあり、執筆活動はなさっていませんでした。ですからこの事は言ってみればワタシと清水先生との秘密であり、活字になりません（ワタシはウェブ上の文章は「活字」ではない。と考えているので。また、ウェブ上でも、この話は二度と書きません）。「有り難うございます」と先生の両手を取りながら、ワタシにはその事が解っていました。

音楽家が批評家をどう思っているのか、褒められたり貶されたりする事の気持ちを音楽家以外に伝える事が出来るのか、そもそも作品と批評の関係。などという話は、ワタシには解りません。しかし、ワタシは、自分を直接（原稿ですらなく）、しかもこんなにも力強く認めてくれた批評家が、もう筆を執れなくなっていた清水先生お一人だけだった（一応、現在の所）。という事に、かなり利己的な、じゃによって舞い上がる様な幸福を感じています。極めてシンプルに、一つだけ理由を挙げれば、その方が心に残るからです。

再び、先生の生涯の業績や晩年の具体的な様子についてワタシが書くのはむしろ無礼にあたります。ですので不躾は承知で最後まで手前の事ばかり書きますが、ワタシの気持ちは「こうじゃなきゃな。これこそ俺だぜ。けけけけ」という物でした。そしてその舞い上がる様な、一つの未決は、決定的な物となってしまいました。それはある永遠の獲得でもあります。

我々は数少ない、信頼と尊敬に足る、詩性と論理性を兼ね備えた希有な批評家を失いました。失ったものだけが美しく見えるのは何故かしら。『ジャズ・アヴァンギャルド』『ジャズ・オルタナティヴ』に匹敵する書物を、未来の誰が出すのか？　ワタシの考えは「出る訳ないし、出なくても構うか」という物です。清水先生のご冥福を心よりお祈り申し上げます。

初出「PELISSE」２００７年６月６日

〔追記1〕故人の話に別の故人の話を重ねるのもどうかと思うが、この文章がアップされた後、故・中山康樹氏がジャズ喫茶で行っていたレクチャーで、〈清水俊彦の最初期の原稿中に、海外文献の直訳、つまり剽窃行為がある〉とし、激しく糾弾し、その際「菊地成孔のような、若い人々に支持を得ている書き手が、こうした悪徳を犯している評論家を高く評価しているのは良くない」と言っていた。という話を、レクチャー参加者から聞いた。筆者は追跡調査していないので、剽窃云々については何も知らないが、その後の中山康樹氏と筆者の関係については、中山氏の追悼文にまとめて追記する。

Karl Gotch (1924.8.3 - 2007.7.28)

蛍来い。ゴッチの水は辛いぞ

——カール・ゴッチ追悼

稲妻轟く中、タクシーが止まり、ワタシが「お世話様です。領収書下さい」というが早いか、ドアの外から「デートコースペンタゴンの菊地（ドカーン！　バリバリバリ）さんですよね」と言うので、うお！　と言って一瞬首がつりそうになったのですが、見れば随分とルックスの良いカップルがニコニコしており、「GREAT3の片寄です。こちらショコラです（笑）」「どうも（笑）」とまあ笑顔の素敵な事。

タクシーを降りる拍子。というのも然る事ながら、それがミュージシャンの、しかも夫婦だというのは随分と珍しい事です。珍事には慣れておりますが、さすがに虚を突かれまして「ああどうもどうも片寄さん奥様お久しぶりです（笑）、良かったですねえタクシーがちょうど拾えて（笑）。

ねえ、今日天気がねえ。稲妻がコレじゃあねえ。どうも～（笑）」と、我ながら訳の分からない返答をしてしまい、あいつはジャズばかりやって完全なバカになってしまったと思われただろうなあ……上を向いて歩こう。涙がこぼれない様に……としょんぼりしていたら（まあその、ウソですが）途端に雨が止み、スーッと音を立てる様に空が晴れた、梅雨も稲妻も曇天も晴天も天麩羅そばも蒲鉾も大好き菊地成孔です。いやあもう浴衣出そうかしらそろそろ。浴衣にウォークマン初号機でしょう。カセットテープでコルトレーンでしょう。そのまま寿司屋に入って山葵巻きでしょうこの夏は。

しっかし最近最も驚いた事といえば、昨日自分でリンクを張っておきながら「夜のみだらな鳥」のコンサート評が作家の黒田晶さんによるものだとさっき知った事です（本当に驚きました。あらゆる意味で）。遅まきながら黒田さん有り難うございました。

以前もファンの方から「金原ひとみさんがとても奇麗でした」とか「ワタシの隣に山崎ナオコーラさんがいました」とか「劇作家の本谷さんがうっとりしていた」とか（ご来場を確認している金原さん以外は）「（笑いながら）ウソお」としか言いようのないメールが届いていたのですが、もしウソや他人の空似でなかったら（あり得ないが）凄い事である。若き女流文学者の方々の憩いの音楽ではないか〔追記1〕。自分がすっかり女流文学者泣かせの音楽家になっていたのだとしたら……まずい。女流文学者というのは人口10万人に対して1人とかそういった……これはもうやる事は一つ。そう、それは文士劇の復活であーる。

演し物は決まっています。菊地成孔作「奇跡の人々」。ご存知ヘレン・ケラー。登場人物全員ヘレン・ケラー。なので「奇跡の人々」。台詞が一つもない戯曲で劇作家デビュー。音楽は最初から最後までマイルス・ディヴィスの「ユア・アンダー・アレスト」。文士劇にして宝塚と、これをフジロックで上演。

ああ。こうして当欄開始以来最悪の混乱ぶりを発揮しているのも、カール・ゴッチが亡くなったからであります。『1976年のアントニオ猪木』に描かれるゴッチの、震えが来る程の恰好良さは良い回向となったと思います。自分自身を狂信する者だけが持つ崇高さとインチキ臭さに満ちた生涯。ヒクソンなんてあなた、ゴッチと比べたら無芸草食ですよ。享年82。オヤジと一緒。謹んでご冥福をお祈り申し上げます。

（初出「PELISSE」2007年7月30日）

〔追記1〕現在では、女性作家の方がライブを聴きに来て下さる。という事はほぼ完全になくなっているのだが、そもそも何故、一時的にそうなり、それが去ったのか、理由は今もって全く解らない。

Michelangelo Antonioni (1912.9.29 - 2007.7.30)
Ingmar Bergman (1918.7.14 - 2007.7.30)

64/07
――ミケランジェロ・アントニオーニ／イングマール・ベルイマン追悼

「クレッソニエール」でポッロのロティをプロヴァンスの赤と合せて旨い旨い言っている間にミケランジェロ・アントニオーニとイングマール・ベルイマンの数時間差の訃報が届きました。確か二人とも90代（「90年代」ではありませんぞ。もう１００近かったのではないかと思います。それにつけてもマノエル・ド・オリヴェイラの生命力には驚かされますね。新作を準備中という噂を耳にしました）ですから大往生も大往生ですが、何せカール・ゴッチの訃報が届いた翌日。ですので、そして青島幸男、植木等の訃報も記憶に新しい昨今ですから、60年代も遠くなりにけりという感慨がありますなあ。

64年（菊地少年1歳）などあなた、アントニオーニがあの「赤い砂漠」、ベルイマンはあの「沈黙」、ゴッチはあの（ゴッチが受け身をわざと崩してテーズのリブを5〜6本折った伝説の）対テーズ戦、マイルスはジョージ・コールマンからウェイン・ショーターへと、セカンドクインテット完成に向けてのドキュメント放送中、そしてビートルズの全米（実質上の全世界）デビュー、ビルボードのTOP10に初めて「イパネマの娘」ランクイン（6位）、クレージーキャッツは「日本一のホラ吹き男」、ついでにゴダールはアヌーシュカ・フィルム設立第一弾あの「はなればなれに」。と、1950年代を終え、世界中が煮えたぎっております。ついこの間だと思っていたのに。

とはいえ、ゴッチ、青島、植木、アントニオーニ、ベルイマン皆大往生ですね。先日怪物どものダンジョン〔追記1〕を抜けたばかりのワタシには、60～70代男性の生命力の強さばかりが今の君はピカピカに光っておりまして、現在25から35ぐらいまでの男性は全員50代を前に死滅してしまうのではないかという程、心身のパワーダウンを感じています（差し出がましいとは思いますが、頑張って下さい皆さん本当に）。

一方、あらゆる世代の女性からは「毒を抜き、ストレスを解消し、好きな事をやって生き抜いてやる」というマムシの様な生命力を感じ、いやあ大いに結構。但し解剖学的に考える限り足の裏から毒は絶対出ませんがな。うはははははは〔追記2〕。という感じなのですが、男性諸氏は、マネージャーのブログに写真アップされておりますので、ゲキ悪ジジイ（この表現最悪ですが）達の写真に柏手を打って元気を貰って（この表現も最悪ですが）みては如何でしょう。

初出 「PELISSE」２００７年8月1日

〔追記1〕これは、故・平岡正明氏のコルトレーン論『毒血と薔薇』の、出版記念パーティーの事なのだが、平岡氏は2年後に逝去、その追悼文の際にまとめて記す。

〔追記2〕当時、薬湯を入れた桶に足を浸けると、そこから体内の毒が出る。という、今では苦笑するしかない漢方デトックスが流行っていた。

Teo Macero (1925.10.30 - 2008.2.19)

テオ・マセロ氏逝去

マイルス・デイヴィス研究書のタイトルが正式に決まり、ゲラチェック後の最終入稿に向けてラストスパートをかけている最中に、テオ・マセロ氏逝去の報が入りました。ご冥福をお祈りするとともに、昨年秋にニューヨークに行けなかった事が本当に悔やまれます〔追記1〕。

この本が書かれ始めてから、アリス・コルトレーン氏が亡くなり、マックス・ローチ氏が亡くなり、ジョー・ザヴィヌル氏が亡くなり、カールハインツ・シュトックハウゼン氏が亡くなりましたが（そして、スライ&ザ・ファミリー・ストーンとV.S.O.Pが再結成されましたが）、マセロ氏の死は、ワタシにとって、ブルーザー・ブロディの死と並び、特別なものがあります。

「ニューヨーク・タイムズ」の記事には「テープ編集によってマイルス・デイヴィスの伝説的

なジャズの名盤を創った」とあります。ギルが死に、マイルスが死んでも、まだマイルスが「生きている様な」気がしていたのは、マセロ氏がフロリダで隠居生活を送っていたからでしょう。ワタシはトランペットも吹かず、フェラーリにも乗りませんが、バンドネオンを自分のバンドに投入し〔追記2〕、テープ編集によるジャズの製作を続けています。

マイルス研究書の正式なタイトルは

『M/D　マイルス・デューイ・デイヴィスⅢ世研究』

となりました。モード、ミスティフィカシオン、マイルス、デューイ、デイヴィス、ディレクション、エディット、ミュート、等々、マイルスの人生に取り憑いた二つのアルファヴェットを並べたものです。再び、マセロ氏のご冥福をお祈り申し上げます。

初出「PELISSE」２００８年2月22日

〔追記1〕筆者は『M/D』の取材の一つとして、キップ・ハンラハンと共に、フロリダのマセロ邸に赴き、インタビューを行う予定だったのだが、諸事情により未遂に終わった。本文にある事情（タイミング）

により、『M/D』のまえがきには、滑り込みでマセロ氏逝去に関するコメントが、つまり「まえがきに追記がある」という、非常にマイルス・デイヴィス的な花が添えられた。

〔追記2〕テオ・マセロ唯一のソロアルバム『テオ』には、バンドネオンをメンバーに組み込んだ楽曲が多数収録されている。

Koucha Aoi (-2008.1.18)

二つのおめでとう、一つの訃報、二つに分割された速報

——蒼井紅茶追悼

南博さんの処女エッセイ集『白鍵と黒鍵の間に』が昨日小学館より発売されました。昨日は南さんのお誕生日でしたので、粋な計らいという奴ですね。今知った方は、ワタシと一緒に。おめでとうございます。と二つ言いましょうね。

既に発売されている南さんの、ジャズピアニストとしての最新作『ライク・サムワン・イン・ラブ』のライナーノートをワタシ、書かせて頂いておりまして、これは少々トゥイストした話なのですが、このライナーノートが、『白鍵と黒鍵の間に』の解説になっています。

アルバムの方は、今回プロデューサー業はひと休みさせて頂きましたが、エッセイ集の方は俄《にわか》

出版エージェントと化して、出版に尽力させて頂きました。っていうかまあ、ぶっちゃけ村井さん（小学館社員。ジャズ評論家。『スペインの宇宙食』担当）に南さんの原稿読ませただけなんですが。

と、最近ワタシのファンになった方で、南博さんをご存じない方は『スペインの宇宙食』をご覧下さい〔追記1〕。

そして、ワタシと南さんとの関係を熟知されている方には、いきなりですが訃報があります。おめでたい日になんたる事。と眉をひそめる方もいらっしゃるでしょうが、お聞き下さい。ワタシが南さんへのダブルおめでとうコメントを1日ずらしたのはそういう理由です。

ワタシと南さんの共通の友人であり、ワタシの共同作詞家であり、中南米音楽専門のライターであり、第2期スパンク・ハッピーのメイクアップ（岩澤さん専属）だった蒼井紅茶さんが、数ヶ月前に、あまりにあっけなく亡くなりました。

息子さんと昼寝をしており、「夕方になったら起こして」と言われていた御主人が起こしに行くと、もう目を覚まさなかったそうです。安らかに眠る様にして。とはこの事でしょう。死因は未だにはっきり判らないそうですが、自分が死んだ事に気がつかなかった事だけは間違いないと思われます。

不謹慎を承知で申し上げますが、彼女がそんな風に召された事に対して、ワタシはまあ、ちょっとその、ふぅ。ねえ？　そのぅ。良かったな（笑）。と思いました。「なななな何て事を！」と仰る方は、再び申し上げますが『スペインの宇宙食』をお読み下さい。

「ガス発生中」という、文字通り最後っ屁のような遺言を残して自殺する方々もそれなりに大変だったのでしょう。しかし、世の中には様々な、沢山の奇妙な、そして凄絶な生きづらさがあるという事です。

ワタシの事を「ねえ。ナル」と呼ぶ唯一の女性でしたので少々寂しくはありますが、どうせ我々も、放っておけばやがて全員彼女と合流です。ワタシは彼女の本名を呼び「お疲れさん。そのうち、まあ50年もしたらみんなそっちに行くよ」と上の方に向かって両目でウインクしました。

南さんには「いつか一緒に線香でもあげに行こうや。菊地くん」と言われています。読書と、そして南さんのピアノが一番大好きだった彼女は、今頃上の方で『ライク・サムワン・イン・ラブ』を聴き『白鍵と黒鍵の間に』を読んではうっとりし、そして地団駄を踏んでいる事でしょう。南さんのアルバムや本が出るだけでも痺れるほど嬉しい事ですが、ワタシには彼女の、ワタシや南さんに直接感想が言えない事に「ううう｜」と言っている喜悦の表情が特別ギフトとして付いています。彼女に感謝します。

初出「PELISSE」2008年5月16日

〔追記1〕彼女と筆者の関係、現在ではあまり使われなくなった「突然死」という言葉でしか説明出来ない彼女の死については、文庫版『スペインの宇宙食』のあとがきに詳しい。

Tora Uganda (1952.6.6 - 2008.5.31)

ウガンダ・トラ死す

南博さんとの共演の情報を載せる時に訃報が重なるという事態となり、やや驚いています。ついさきほど、タレントであり、ドラマーであり、料理人であるウガンダ・トラさんが亡くなった事を知りました。

ワタシとウガンダさんとの関係を知るファンの方も、もうほとんどおりますまい（ウガンダさん自体をご存じない方も多いでしょう）。ワタシのTVデビューはウガンダさんのバックバンドのホーンセクションとして出演した「ひょうきんフェスティバル」という番組で、これは「オレたちひょうきん族」の、完全歌番組仕様の特番であり、その時我々が演奏したのはソウルクラシックばかりでした。ワタシに所謂ニューソウル以前のクラシックを仕込んで下さったのはウガンダさんです。

六本木生まれの完璧な街っ子だったウガンダさんは、ジャズドラマー（終戦直後の日本のスイングジャズに精通されている方ならば、ご存知の方も多いと思いますが、ここでは「親父の名前は出さない」というウガンダさんのポリシーに従います）だったお父様と同じドラマーになりましたが、お父様とは違い、どれほど日本のGS並びに初期ソウルに詳しい方でも、スリーチアーズ&コングラッツレイションズの名はご存知ありますまい。ウガンダさんがブレイクスルーを果たしたのはコミックバンドである「いそがしバンド」後のビジー・フォーです。

ビジー・フォーはジャズ上がりのクレージーキャッツに対して、ファンク／ソウル上がりとパブリックイメージされるも、ハワイアンやロカビリーやカントリー勢が主流を占めていたザ・ドリフターズの次世代である、ソウル／ディスコ／R&B／オールディーズ・ポップスをバックボーンにしたコミックバンドで（グッチ祐三さん、モト冬樹さんが在籍していました）、所謂、「六本木のディスコのハコ」上がりの不良によって結成されました。

「ハコ=ハウスバンド」文化の音楽性、風俗性が、年代と地域によってどう区分されていたか、などという話に興味がある若者は、そのうちこの国から一人も居なくなるでしょう。南さんの『白鍵と黒鍵の間に』は、その生々しい証言の一つであり、日本の、裏の芸能／文化史の血脈に繋がっています。

ワタシがどれほどウガンダさんに可愛がられたか、くだくだ書く事は無粋ですし、ウガンダさん自身がそういう事は嫌いましたが、「菊地、オマエはジャズに行きてえんだろ？　解るよ。ジャズメンの感じだよオマエは。オレ達みてえに、バカじゃねえ感じだ。有名になるよ。オマエは才能があるからな。有名になったらオレに奢ってくれよ。なーんちゃって（ボン！　と背中を叩く）」と仰って下さったのにも拘わらず、そして晩年はここのすぐ近所（大久保）で焼き鳥屋を経営されていた事も知らないまま、とうとうお好きだったビフテキの一枚、カレーライスの一皿もご恩返し出来ないまま逝去された事は、（本当に）悔やんでも悔やみきれません。

明日、南さんの出版記念トークイベントがあるというのに、またしても湿っぽい話になってしまいました。しかし、ワタシが南さんを信用し、共演するのは、ただひたすらダンディでクールであるからのみではありません。ワタシも南さんも、現在では文筆家も兼ねるジャズメンとなり、いっぱしのインテリ先生の如しではありますが、共にハコバンの経験者であり、コミックバンドの経験者であり、営業やショクナイの経験者であり、南さんのお言葉を借りれば、歓楽街で男になったのです。

つまりワタシは、「ハコ経験」によって、年長の悪い先輩やチーママや酔客や任侠道にある方などからの人生教育を受けてない者は、どんなにワルぶっても、どんなにプアぶっても、どんなにキチガイぶっても、ジャズだろうとノイズだろうとロックだろうと、青臭いお坊ちゃんの手慰みであるとハナから決めつけているバカなのであります。ウガンダ・トラさんのご冥福をお祈り申し上げます。

初出「PELISSE」2008年6月2日

Miles Dewey Davis III (1926.5.26 -1991.9.28)

毎日が誰かの命日
――マイルス・デイヴィスに

アーストンボラージュ代表、佐藤孝信さんはもう聴き終えた頃でしょうか。『M/D』に収録が間に合わなかったインタビューの中で「ジャズなんて俺は聴かないけど、一年に一度だけは聴くんですよ。マイルスの命日には、マイルスを一日中ね。俺が一番好きなのは〈ヒューマン・ネイチャー〉です」と仰いました。

既に日付が変わって2時間弱が経過しましたが、昨日9月28日はマイルス・デイヴィスの命日です。マイルスと言わず誰と言わず、命日に喪に服す。等と言う殊勝な事をワタシはしませんが（ワタシは自分の父親の命日でさえ、特別に喪に服したりしません）、「今日はマイルスの命日だな」と思いながら教壇に立ち、ピアノを弾き、トイレに行き、食事をしながら、あの本の最終入校日にテオ・マセロ氏が亡くなったのだなあ。と、その事をすっかり忘れていた事を、さきほど思い出しました。これから朝まで、一人でアイリッシュパブに行きます。顔なじみになったバーテンはワタシを35歳の製氷業者だと思っている。秋ですなあ。実に秋であります。それではごきげんよう。

初出「PELISSE」2008年9月29日

Ai Iijima (1972.10.31 - 2008.12.17)〔追記1〕

香港だと思い込みたい新宿にて
――飯島愛追悼

クリスマスシーズンにペニンシュラから空室がなくなるのは、亜細亜における金融危機と鳥インフルエンザの拠点でありながら尚、21世紀になっても変わりませんでした。仕方なく、というのも無礼千万ですが、フォーシーズンズにおります。こちらは本土復帰前も復帰後も通して初めてですが、それにしても、ベルくんもルームサーヴィスの交換手も流暢な日本語を操り、部屋の窓からは東京モード学園のキューーカンバー型ビルが見え、あまつさえコンランショップもピークラウンジもあり、これではまるで、クリスマスの喧噪&散らかし放題になった歌舞伎町の仕事部屋を逃れ、溜まった原稿&年末打ち合わせの類を一気にやっつけてしまうために、ライト自己負担カンヅメをしに、タクシーでワンメーターのパークハイアットに投宿しているかの様です（長センテンス失礼）。

ワタシのソフィア・コッポラ病（別名「ＬＩＴ（ロスト・イン・トランスレーション）症候群」。海外のどこに行っても新宿に見えてしまうという主症状と、レズビアンと誤解されるが違う、言われるほど音楽のセンスは良くない。という副症状からなる）もどうやら重症ですなあ。

このせいでフライトが１日遅れまして、結果、秒刻みとも分刻みとも、或いは特に何も刻んでいないとも言われるワタシの厳格なスケジュール管理が大きく狂いまして散々な目に遭いましたが、溜息をつきながら見上げた東口のハイビジョンに「4位は双子座の皆さん。ピンチをチャンスに変えるチャンス！　頑張って！」と言われ「チャンスが被ってんぞ高島アヤパンアニメ顔！」と叫ぶのと同時にはたと気がつき、一路横浜に向かいました。12月25日でモーション・ブルー・ヨコハマのメインシェフの職を辞して独立される、吉川寛シェフの転機を祝し、初めて、そしておそらく最後に「純粋に客として」モーション・ブルー・ヨコハマの料理を頂くためです。

ワタクシ兼ねてから「日本の〈高級ジャズクラブ〉で、ちゃんとポリシーとスキルを持ったシェフを雇い、独立して堪能するに値するまっとうな料理を出しているのはモーション・ブルー・ヨコハマだけである。ジャズそして料理を愛する者として、大いに遺憾である。ジャズファンはリズムどころか飯の味すらも良く解らず、酔っぱらって下を向き、演奏の音量が上がるたびにイエーイエー言っているだけのバカだと後ろ指を指された時、我とともに陣営を守る者は何処にあらんや」と、警鐘を、時にガンガンガンと激しく、時にコーンコーンコーンと小さく鳴らし続けて参りましたが、各省庁の善戦虚しく状況ほとんど変わらず、とうとう吉川シェフまでが勇退されると聞き及び、もう自らに残された行動は諦観と傍観のみかと胸を痛めていた所。でしたので、正しくピンチがチャンス、アヤパンサンキューとばかりに、「最後の上客」となるべく正装し、猛スピードで客席に突っ込んだ訳ですが、果たして「客として」頂く料理は、出演者として頂くそれの素晴らしさを遥かに凌駕する、一皿も一匙も揺るがせにしない、官能的で圧倒的な物でした。

最初で最後の経験であり、何が旨かったどうのとズラズラ列挙するのも憚れますが、やはりムース物の技術とセンスは傑出しています。デギュスタシオン風のアミューズの中で、実に素晴らしい（本当に。仕入れが東京からと伺って驚きました）ラングスティーヌの隣にあった、根セロリのムースを混ぜ込んだ、ヴィシソワーズ風ムースのキャヴィア乗せと、3皿目の、オマールのジュレを乗せたアヴォカドのムースは豊潤にして天衣無縫な風味絶佳。食後にご挨拶頂いた際に「菊地さんがいらっしゃると聞いて、お叱りを受けない様に少々工夫してみましたが（微笑）」等と仰ったのは戯れか社交の辞令か、ワタシにはどこが工夫されているのかなどさっぱり解らず、つまりはいつもの、あの、吉川シェフの魔法の術中に、客としても否、客として尚更に、すっかりはまってしまった。という訳です。

ついつい興奮し「いやあ見事でした。この時期に鹿や鴨はどこでも出しますが、アミューズの鹿はカンパーニュにしっかり固く、プラの鴨はねっとりとローのアッシュで云々」等と、喰うばかりは一人前、語るには半人前の野暮ったい舌が止まらなくなりましたが、オープン年である02年からシェフに就任。6年間に亘るそのお仕事ぶりは「音楽が料理の添え物、或いは料理が音楽の添え物であってはならない」という、力強いマリアージュの哲学と誇りが常に伝わって来るものでした。日本のジャズ界はこの巨大な欠損を埋めるべく、08年12月26日をもって獅子奮迅の努力をスタートしなければいけないでしょう。この日の演奏はスムース派のナンバーワン、TOKUさんによる、大変気持ちの良いものでした。

ワタシはスムース派の演奏をライブで鑑賞するのも初めての経験で、失礼のない様に慎重に申し上げますが、こんなに心地の良いものだとは思ってもいませんでした。しかし、いやだからこそ、自戒を込めて、ここ香港から申し上げますが、標準の設定は簡単至極、「ここがもし50年代のニューヨークだったら、目の前の演奏は、マイルス、モンク、エヴァンスだったのだ。こういう場所から芸術に育った音楽がジャズなのだ。料理ははっきりと進化した。では音楽は？　そして再び、料理は？」というものです。吉川シェフは北青山「ロイヤルガーデンカフェ（03-5414-6170）」のシェフに就任されます。

〈追記〉

祝辞と悼辞が並ぶ無礼をお許し頂きたい。ワタシはトレイシー・ローズが最初のアイドルだった「洋ピン→AV黎明期」の世代なので、飯島愛さんのアダルト期は存じ上げず（故人に失礼なきよう、慎重に申し上げますが、「Tバックというショーツは、実のところ彼女には似合わない。〈Tバックの女王〉という称号は、メディアによるハイプ、というより、無茶振りに類する」と思った記憶があります。そういう世代です）水商売風の、回転の速い毒舌タレントさんという印象でしたが、ワタシの育ちにはああいった方がキラ星の如く現れては消えて行きましたので、非常に懐かしい感覚を覚える人物でした。

ワタシの知る限り、ああした方は、頭の回転が悲しいほど早く、体が弱いものです。バクバク食べ、良い湯加減で歌い、バカの様に踊り狂う。という事の出来ないものなのです。結果、発言も行動も賢人として常に示唆的になってしまう。死それ自体が、最も大きな、示唆の塊の様になったのは必然だったでしょう。ですからワタシは、際立った悲報だとは思いません。悲しみはもっと深い所にあると思います。

たった一度だけ仕事をご一緒した事がありますが、ちょっとしたトラブルから始末書を書かされたのも、今となっては良い思い出です（彼女のラジオ番組です。当時のワタシの相方――女性――が、事前に厳重に言い渡されていたのにも拘わらず「あなたのAVばっかり観てたんです」と口走ってしまったのです。マネージャーや関係者が殺気に満ちてこちらに詰め寄った瞬間に、故人は「そうかあ有り難う。でもココで言っちゃうかあそれ」と言って、豪快に笑い、周囲を咄嗟に制しました)。香港のメディアでは一面トップのニュース、見出しには「総ての男性の恋人」とあります。飯島愛さんのご冥福をお祈り致します。

初出「PELISSE」2008年12月27日

〔追記1〕自室で所謂「孤独死」をしていた故人の没日は推定上のものである。故人の遺体が発見されたという報道は12月25日に発表された。

Hélio Gracie (1913.10.1 - 2009.1.29)

エリオ・グレイシー死去

ワタシの古くからの友人というのは、概ねキチガイばかりでして、即ち天才的なのばかりなのですが、そのうちの一人が（とはいえまあ、本当にガチガチに凄いのは5人位ですが。しかもこの5人はお互いを知りません）、「世の中は〈俺に言うなよ〜〉と〈俺に言ってよ〜〉しかないんだ」という名言を吐いた事があります。彼は世の中を二つに分ける天才で、「世の中は〈早いよオジさん〉と〈遅いよオバさん〉しかないんだ」という金言（ワタシが「ジャスト坊やは？」と訊くと、「それは居ない。それは妖精」と即断しました）も彼のものですが、因みにこの二つ、共に1980年代の発言ですから参ってしまいますね。

因みに彼は、やはり80年代に「ナルちゃんが触ると何でも金になる」と言った事があって、その時は「そんなやめろよお恥ずかしいなあ（笑）。キンタマはしょうがないじゃない（笑）」と言ったのですが（ディスコで。クラブではない）、先日数年振りでメールがあって「マクドナルドの一人勝ち」とだけ書いてあるのですが、スクロールが20センチぐらいあって、最後に「今年最初に喰ったでしょ。サイトで見た」と書いてあったので、大笑いしてしまいました。

と言う訳で、ここ数日で最も数多く言われた事が「ポール／高橋／菊地のオンエア音源を売って下さい」と「ダブ・セクステットのライブが5月までないのは耐えられません。もっと早くやって下さい」という、毎度おなじみ資本主義、消費者クレクレタコラな訳ですが、これなど典型的な「俺に言うなよ〜」でして、ワタシも筆まめな方ですから、あまりにクレクレがエグい方には、一通一通、前者には「ワタシには発売権限も配信権限もありません。NHKの番組スタッフに直接オネダリして下さい」

そして後者には「3月までは珠也がベラボーに忙しく、3月を過ぎると入れ替わりに鈴木くんがベラボーに忙しくなるのです。つまり立場的にはワタシもアナタとほとんど同じでして、とはいえ彼等の奥さんにこっそり5大シャトーのワインを付け届け、〈菊地です。ご主人のスケジュールをよろしく……どういう意味だか、お解りになりますよね？　ムートン・ロートシルトの95年です。どうぞ〉等と耳元で囁いているのに拘わらず、全然スケジュールくんないんだもの！ワタシの推理では間違いなく小泉今日子さんです。小泉今日子さんに鈴木くんを囲われたり、ドリームズ・カム・トゥルーさんに大儀見を囲われたりすると、ワタシの様な徒手空拳の奇矯な音楽家、しかも女性でも強欲でも金持ちでもない者はなす術もなく潰されてしまうのです。あなたの力で助けて下さい。どうか小泉今日子さんにオネダリして下さい。これは権力闘争なのだ」

などと、懇切丁寧にお返事をしたためていたのですが、その結果、NHKはあの音源を（早くも）配信し始め、ダブ・セクステットのスケジュールはビクともしません。最速で5月。ワタシにはお預けプレイなどといった貧乏臭いSM趣味はありませんのでどうかご理解頂きたい。ワタシはどちらかと言えば、ごちそうを出し始めたら止まらなくなって客人に心配されるタイプでありま す。

いきなりですが、先日エリオ・グレイシー氏が逝去されました（以下、格闘技ファン専門の内容となりますので、それ以外の方は一足先にお休みなさいませ）。GSPという、とんでもなく強く、そして、（今のところ。ですが）今ひとつ魅力に欠ける王者が君臨する現在のUFCですが、ワタシの人生経験の中で「最初の頃は良かった。今は全く変わってしまった。しかし、今も最初の頃と違う意味でとても良い」という経験は、UFCでしかした事がありません。

エリオ翁（＝その一族）の最大の好敵手、というよりも、あの一族の「失地」の、最も完全な象徴が、あの当時の桜庭和志であった事は拙著（『あなたの前の彼女だって、むかしはヒョードルだのミルコだの言っていた筈だ』）に書いた通りであり、つまり桜庭は、この訃報によって確実に、内部に変化を起こすと思われます〔追記1〕。

エリオ翁は、追憶にあって我々を半ば霊的に支配し、やがて実際に霊魂と化しました。なので(侮辱には当たらないと思い、はっきりと書きますが)ご冥福をお祈り申し上げますという気が全く起きません。桜庭はあの一族を破ったのではない、桜庭はあの一族と、完璧に引き分けたのだ。というのがワタシの説です。つまり、あの一族は、打ち砕かれ、葬られたのではない。引き分ける事によって成仏した(してしまった)のであります。これを平和のモデルケースと言わずして、何と言うべきでしょうか。平和は、感動や感涙の中にはないのであります。ごきげんよう。

初出「PELISSE」2009年2月7日

〔追記1〕桜庭和志が総合格闘家から2012年にプロレスラーに再び戻っていくターンの開始ポイントは、本文掲載から2ヶ月前の、即ち前年大晦日に於ける田村潔司戦だとする説が多く(因みに、明けてこの年09年は10月まで試合をしていない)、そこそこロマンティークな仮説ではあるが、更にロマンティークな仮説がこの説である。桜庭はエリオの死によって「平和」としてのプロレスにリターンしたのである。

Kiyoshiro Imawano (1951.4.2 - 2009.5.2)

追悼 忌野清志郎

昨日ワタシは仕事の合間にリニューアルした新宿丸井本店の視察に行き、更に詰め込む様にして武蔵野館で「フロスト×ニクソン」を観て、その物語のフロイド的な展開に随分と入り込み（書きたい事はいろいろあるのですが、総てネタバレになるので止めます）、溜まっていた原稿を書き、仕事関係のいくつかのセクションにビジネスメールを書き、それから「クレッソニエール」に行って、牛の内臓の煮込みをニュイサンジョルジュで頂き、ダブ・セクステットとぺぺのライブに向けてダイエットを開始したにも拘わらず、たっぷりのクリームシャンティが盛られたアプリコットのタルトをほぼ一口で平らげ、入浴し、運動し、寝て、何らかの啓示的な夢を見て、それを忘れ、目覚め、本日がやって来て、渋谷のNHKに行き、「パフォー！」のBS版（「パフォー！」は好評につき、BS版と地上波版とダブルシリーズになります。詳しくはNHKのサイトをどうぞ）収録を5時間近くかけて行い、ワタシの両隣は、初対面のテリー伊藤さんとほしのあきさんで、テリーさんはテレビで見るより老練でダンディであるとか、ほしのさんは雑誌のグラヴィア等で見るよりも遥かに小柄で、とても真面目な良い方であるとか、誰でも予想がつくであろう通り一辺倒な感想を、改めて瑞々しく感じながらその仕事を終え〔追記1〕、そのまま京橋の美学校に向かってジョビンの「ルイザ」の分析を前半のみ、特に、メロディーラインの活性化をジョビンがどう行ったかについて生徒達と追求し、終わってから京橋の寿司屋で松の司を飲みながら築地で取れた刺し盛りを食べ、食べ終えてタクシーに乗り、歌舞伎町に戻って信濃屋さんでナッツとドライフルーツを大量に買い込み、歩いて赤札堂に向かい、洗剤をいくつか買って、もうこの季節になると、すっかり売春婦の如き服装になる、一律全員スタイルの良い韓国人女性達の、凄まじい脚線美を見つめながら、つまり、こうして書いてみるとなかなか濃密と言えなくもない2日間を過ごしながら、アタマの片隅でずっと考えていた事がありました。それは故人との、唯一の思い出です。現在ワタシは、長時間の撮影用にメイクを施しております、クレンジングしないまま、書いています。

川崎クラブチッタで90年代のいつかに行われた、忌野清志郎が主催の年越しイベント。という情報だけで、検索が上手な方、もしくは記憶力の良い方は「ああ、9×年ね。確かに山下洋輔が出たな」とお解りになるかもしれません。ワタシは師匠の山下が当時やっていた「デュオ＋」という、実質上の「90年代山下トリオ」のレギュラーで、ドラムは堀越彰という男でした。山下はそもそものデビューである60年代から、積極的にフォークやロックのコンサートに出演していたので、そして故人は、日本のフリージャズメンとの交遊が深かったので、山下トリオが故人が主催するパーティーに出る。という事は、ほとんど何の抵抗もない事に思えました。

しかしやはり、チッタのフロアを埋め尽くしたロックファン達を前にした、ボトム（ベース）がない、グランドピアノ、サックス、ドラムセットだけの完全アコースティックの演奏は、どれだけ扇動的な演奏を行っても、全くの無力でした。アウェイというレヴェルではない、あれほどの無力感を感じた演奏は、ワタシの乏しい音楽歴の中でも、あれっきりです。何せ、我々の三人の最大爆音が、前のバンドの、ギターを手にして1〜2年程であろう若きロッカーのギターの、軽めのカッティングより遥かに音量が小さいのです。ワタシは『ポップ・ヴォイス』という本の中に出て来る、モンキーズのリーダーが、自分達のライブの前座に、デビューしたての無名バンドである、ジミ・ヘンドリクス&エクスペリエンスを起用した時のエピソードが好きで、今でもたまに読み返すのですが、もうそういう問題でもない。ワタシは極端な状況が当時から大好物でしたので、非常にワクワクして、大熱演しました。

演奏は30分間でしたが、会場全体がどん引きでシーンとする事も、ヤジが飛ぶ事も、一切ありませんでした。我々の演奏は、やってるかやってないか、演奏なのかサウンドチェックなのか判らないものとして理解され、演奏中は、休憩中と全く同じざわつきが、同じデシベル値のまま全く止まらず、演奏は空を切ると言うより、一秒ごとに、演奏している我々三人だけの独占物になっていきました。

最後の曲は、我々のキラーチューンとも言える「おじいさんの古時計」でした。武田和命氏への追悼ナンバーとしてワタシが山下組に持ち込んで以来、山下の愛奏曲になっていました。我々は交感し、焚き付け、挑発し、謳い上げ、それを破壊し、再生し、動かなくなり、死に、蘇り、再び最初から繰り返し、名演と言って吝《やぶさ》かでない15分以上の演奏が見事なフィニッシュを飾りました。しかし、フィニッシュと共に聴こえて来たのは、長いイベントの中の、休憩中のノイズでした。ワタシは、もうモダンジャズが、モンクの『ミステリオーソ』や、エヴァンスのいくつかのライブ盤の様な、名演に拮抗する会場ノイズを記録し得なくなった今、こうした形でしか、あれは反復されないのではないか。あの当時の、ディナー中の白人達の立場に立てるのは、今夜のロックファンの若者達だけなのではないかと一瞬考えかけ、どうにもそれは違うなと思いながら、不思議な充足感の中にいました。山下は、いつもの豪快な苦笑で「まあ、こんなもんだろ。うははははは」といった感じでした。

その時です、上手から、故人があの声とあのテンションとあの抑揚で飛び込んできました。マイクを斜め45度に構え、会場に向けて、故人は「いえー！　最高に盛り上がったぜっ‼」と絶叫しながらこちらにやって来て、我々全員と固い握手を交わしたのです。故人のシャウトは、緩み切った会場の中を、無理矢理にでも切り裂く様にして、しかし、同時に、限りない柔らかさと優しさに満ちていました。

そして、握手の際には、うってかわって、故人と相手にしか聞こえない小さな声で「ありがとう」「ありがとう」と、笑っているのかかしこまっているのか、恥ずかしがっているのか判らない、不思議な情緒と共に、そう伝えて来ました。後にも先にも、ワタシが故人と触れ合ったのはその時だけであり、凄まじく鮮烈で奇妙な印象を残したまま、おそらく一生忘れないだろうと思います。

ロックンロール（乃至、それを基礎装備したロックンロールスピリット）という物の意味や形が、ほとんど解る様で、やはりとうとう解らないワタシは、巷間言われる様に、故人がロックンローラーであったかどうか、残念ながら判りません。あくまでワタシ個人の判断では。としますが、故人は日本人では珍しい、本物のフォークシンガーであり、ブルーズメンだと思います。言葉と声が、異様なほどに突き刺さって来るからです。

輪郭線の太い、シンプルで凄まじい言葉と声が、ワンセンテンスごとに、発せられるたびにこちらの胸に突き刺さり、乱反射して、こちらのハートが普通でいられなくなってしまう。という現象は、ジャズと言わず、ロックと言わず、他のジャンルでは起こり得りませんし、また、起こるべきでもありません。これは、最も優れたフォークとブルーズの力であるとワタシは考えます。

それがいつだったか、どこでだったかは一切憶えていません。あまりの事に、忘れ切ってしまったのです。ある日テレビジョンを観ている時に、画面で故人が歌い出しました。ワタシは「お、キヨシローだ。〈い・け・な・いルージュマジック〉歌わねえかな」などと思いながら何気なく番組を見ていました。

明確な記憶ではないので、ファンの方々には失礼に当たるかもしれませんが、もしよろしかったら、正しい情報は、どうかワタシに教えないで下さい。ワタシは、曲のタイトルも憶えていませんし、メロディーの動き方も憶えていません、正確な歌詞も憶えていません。しかし、以下の様な言葉をはっきりと憶えています。シンプルなコード進行に乗って、故人は、一行ずつ絞り出す様に、しかし軽やかに、こう歌い出しました。

オレがどんなにわるいことをしても
オレは知ってる
ベイビー、おまえだけは　オレの味方
オレがどれだけウソばかりついても
ベイビー、おまえだけは　オレを解ってくれる

オレは知ってる

ワタシは、自分が、日本の音楽を聴いて、これほど泣くのだという事に、当惑する程でした。涙が流れたとか、嗚咽が止まらなかったとかいう問題ではない、ワタシは全身全霊が泣き果てて、泣いて泣いて、この曲が終わる前に、幸福で死んでしまうのではないかと思いました。

この歌詞を、落ち着いて口にしたり、キーパンチしたりする事が、ワタシは一生出来ないでしょう。今こうして、たった100文字に満たない言葉をキーパンチするだけで、ワタシの目玉はずぶぬれになり、鼻からは滝の様な鼻水が流れています。読み返すと、更に涙が溢れて来ます。こんなに人は泣けるのか。と呆れる程です。ワタシは、フォークソングの門外漢として、日本語のフォークソングは、生涯に一曲、フォーク・クルセイダーズの「あの素晴しい愛をもう一度」だけあれば、そして、日本語のソウルとブルーズは、この一曲があれば事足りると思っています。

この曲がワタシを永久に泣かせてしまう力は、不謹慎を承知で申し上げるならば、故人の死、そのものよりも遥かに大きい物です。死は、遅かれ早かれ、我々全員にやってきます。故人が故人になった事で、多くの人々が泣きました。ワタシはそれにつられて、場合によっては自分も泣いてしまうかも知れない。と思い、2日間もやもやし、当欄を書き始め、故人の死よりも、この曲の歌詞の方が遥かに巨大な力でワタシを泣かせ続ける事を改めて知ったのです。ご冥福をお祈り申し上げるなどといった事では全然ありません。あれだけ福の多かった方が、冥土で福に恵まれない訳がない。安心して故人を見送り、そして彼が残した、我々のハートから抜ける事のない永遠の楔を、噛み締めようではありませんか。フォークとブルーズの神が我々に授けた辛苦と歓喜を、死ぬまで背負おうではありませんか。オレがどんなに悪い事ばかりをしても。オレは知ってる。ベイビー。オマエだけは、オレの味方。

初出　「PELISSE」２００９年5月11日／のち『文藝別冊　総特集　忌野清志郎』（河出書房新社、２０１０年）に収録〔追記２〕

〔追記１〕当時セミレギュラーで出演していたＮＨＫのテレビ番組「テレ遊びパフォー!!」の事。「動画サイトへの投稿者をデビューさせる」系の番組で、そこそこ長く続き、結果一人のデビューも果たさないまま番組は終了した。本書に収められた日記の端々にも記述があるのだが、説明が煩雑になるのでほとんどカットしている。

〔追記２〕この文章は、筆者のサイトの平均的なビュー数を遥かに超え、後に大幅な加筆修正を加え「言葉と声」というタイトルのエッセイとして『文藝別冊　総特集　忌野清志郎』に転載された。本書ではその元稿としてのブログを、加筆修正なしでそのまま収録する。

Mitsuharu Misawa (1962.6.18 - 2009.6.13)

訃報と誕生日

——追悼　三沢光晴

数分前からいきなり沢山のメールが届き始め、何かと思えば誕生日でした。誕生祝いのメールを下さった皆様、これから下さろうとしている皆様、メールを送らずとも心中で、モニター前等々で祝って下さっている皆様に感謝すると共に、皆様お一人お一人のお誕生日をお祝い差し上げます。皆様そしてワタシを生み育てた両親の存在、先祖の存在、そしてそもそも、こうして我々総て全員が、現在この世にこうして、一堂に会している神の采配に感謝します。生まれるのがあと50年遅かったらならば、ワタシは21世紀初頭を、まるで20世紀初頭の様に勉強する事になったでしょう。46歳になりましたが、ワタシは誕生日にこの街に来ましたので、歌舞伎町ライフも本日より6年目に入ります。

さて、今年の誕生日には、いきなりですが、訃報からお伝えしようと思います。ほんの数時間前、ワタシと同い年の男性が亡くなりました。プロレスラーの三沢光晴選手（プロレスリングNOAH社長）です。

ワタシがクレッソニエールでマコン・ヴィラージュを飲み、クスクスロワイヤルを食べながらデジカメで写真など撮影している間に、三沢選手は召されました。先ず第一に、故人のご冥福をお祈り申し上げます。

当欄ではこうして訃報をいくつか扱って来ました。順不同になりますが、さっと回想するだけでも植木等氏、飯島愛氏、ウガンダ・トラ氏、テオ・マセロ氏、蒼井紅茶氏、等々。まだ記憶に新しい、忌野清志郎氏に対するものには、書いたワタシが驚く程の、多くの熱心な反応がありました。しかし、ワタシ個人が最も強い衝撃を受けたのが今回である事は――誕生日前夜だという事を差し引いても――間違いありません。三沢選手はリング上でバックドロップを受け、そのまま亡くなりました。リング上、試合中の死亡事故は、力道山によってプロレスが輸入、定着した１９５０年代から数えても、三人目（男性では二人目）です。

最も反応が薄い仕事が格闘技関係という状況ですので、些かなりとも故人に関する解説が必要ではないかとも思ったのですが、一切割愛し、同世代のプロレスファンにのみ届かせるつもりで書きます。ワタシにのみ特別な事なのかどうか、自己分析は不可能ですが、ワタシが「プロレスラーの死亡」に関して、悲しいだとか泣けるだとかいった状態を遥かに超えた、動揺に近い心の動かされ方をするのは、ブルーザー・ブロディ、アドリアン・アドニス、ジャイアント馬場、ジャンボ鶴田、つまり、総て全日本のイメージと重なっています。

今回そこに、三沢光晴が加わりました。ワープロというのは恐ろしい機械です。ワタシは今、文字通り、半ば言葉を失っていますが、キー入力は出来るのです。書き終えたらワタシは、しばし呆然とするでしょう。しかしおそらく答えはシンプルだと思われます、つまり、それは文字通り、「大きな」物が失われたからである、と。

世界は、太古から相変わらずとはいえ、最悪のニュースがこれでもかこれでもかと報じられ、また一方、素晴らしい輝きにも満ちています。しかし、命を失ってしまえば、世界自体が、少なくとも一瞬は間違いなく、その人から消えてしまう。誕生日に訃報を載せるなど、あまりよろしい事ではないかも知れない。しかし多くの有識者の言葉通り、生と死は裏表で一つの現象であり、我々は一人残らず、随分とゆっくりした、或いは急流の様な流れの中で、しかし一刻一刻と死に向かっているという、完璧な平等の下にいます。誕生と死亡は、端的に、ほぼ直接、結びついていると言って良いでしょう。

「本日から、ワタシの人生は後半に入り」と書くのは易し、ひょっとして医学の進歩によって、結果として、人生の10分の1が終わっただけかも知れませんし（460歳これはヤバい。是非演奏が出来る様にいたいものです）、明日死んでしまうかも知れない。やりたい事をなるべくやりたいだけやる。どんな事であろうと総て楽しむ。ダメだったら適当に流す。という事以外、生活信条や俗流哲学の類をほとんど持たないワタシですが「生き死について、そんなに深く考えない（だって、考えたってしょうがないじゃない。どうせなるようにしかなんねえんだし）」という事だけは厳然／漠然と貫かれております。

とはいえ、だからこそ、ブルーズは計り知れない。家族やファンの心中、小橋選手の、高山選手の心中、「NOAHだけはガチガチ」という、美しい信仰を持つ人々の視線（現場には、2300人のファンがいました）。バックドロップを放った齋藤選手に、僅かでも移入するならば、たちまちロバート・ジョンソンのエゲつないギターが聴こえて来ます。しかし、そういったもの総てが、我々を強く（ブルーズ信仰に従うならば「否が応でも」）生かしているのです。官能と憂鬱は、恐怖と歓喜は、詰まる所一つなのです。

毎度ながら、不謹慎を承知で申し上げるならば、ワタシは、こうして誕生日の前夜に三沢選手がリング上で亡くなった事を、言葉を失いながらも尚、悲しいとは感じません。「え？　本当？」と言って迎えた誕生日は、ある種異様なまでに生き生きとしています。故人の誕生日は6月18日です。彼が銚子だったら、或いはワタシが北海道だったら、同級生だったろうな。バンプを取った瞬間、去来した物は何だったのだろうか？　幸福と不幸という区分は、生と死という区分は、どの瞬間からどうやって完全に一つになったのだろうか？　不謹慎は限界を超え、ゾクゾクするほどです。我ながらどうかと思います。回向でも手向けでも、合理化でもないと信じたいのですが、ワタシには故人の死に様は美しいとしか思えません。

こうして書いている最中も、メールは届き続けています。誕生祝いのメールを下さった皆様、これから下さろうとしている皆様、メールを送らずとも心中で、モニター前等々で祝って下さっている皆様に感謝すると共に、皆様のお一人お一人のお誕生日をお祝い差し上げます。皆様そしてワタシを生み育てた両親の存在、先祖の存在、そしてそもそも、こうして我々総て全員が、現在この世にこうして、一堂に会している神の采配に感謝します。少なくとも一人は亡くなりましたが。生まれるのがあと50年遅かったらならば、ワタシは21世紀初頭を、まるで20世紀初頭の様に勉強する事になったでしょう。46歳になりましたが、ワタシは誕生日にこの街に来ましたので、歌舞伎町ライフも本日より6年目に入ります。日頃からのご贔屓に感謝致します。これからもご指導ご鞭撻のほど、よろしくお願い致します。

初出　「PELISSE」２００９年6月14日

Michael Joseph Jackson (1958.8.29 - 2009.6.25)

ビリー・ジーン
――マイケル・ジャクソン追悼

「言葉もない」という慣用表現がありますが、おそらく生まれて初めて、その状態の中におります。それでもこうして、キーパンチは出来るという事実に、彼が生きた時代。つまり、多くの消費者が皆キーパンチによって言葉を吐き出していなかった時代への追慕ばかりが駆け巡ります。ワタシは今、端的に申し上げて、泣いています。慟哭が止まりません。どうしたら止まるかも分かりません。世界中の人々とともに、総ての宗教的な領域を超えて、共に喪に服そうと思います。21世紀が本当にやって来ました。

〈2時間後の追記〉

本当に何もかも出来なくなってしまいました。これはきっと、（まだ生きていたとしたら）ケネス・アンガーも、秋山成勲も、will.i.amも、ハーモニー・コリンも、ジャービス・コッカーも、リズ・テイラーも、彼の事を知っている人々は皆同じでしょう。ワタシは彼の事を知っています。誰もが知っている事と同じ事を。総て。

訃報を聞いてから鳴り出し、未だに頭の中でずっと鳴り続けている曲の歌詞を、写経の代わりに書き写し、頭の中で訳されている日本語も書き写してみました。１９７０年に、全米で1位になった曲です。もしこれが選曲行為であるとするならば、ワタシは故人にこの曲を捧げます。記憶違い、訳し間違いの指摘はご容赦下さい。

〈（*They long to be*）*Close to you*〉

Why do birds
Suddenly appear?
Everytime You are near
Just like me

They long to be
Close to you

Why do some
fall down from the Sky?
Everytime You walk by

Just like me
They long to be
Close to you

On the day that you were born
The angels got together and decided
To create a dream come true
So they sprinkled moondust in your hair
And golden starlight in your eyes of blue

That is Why

All the girls go down
Follow you all around

Just like me
They long to be
Close to you

woo Close to you
woo Close to you

あなたがあたしの隣にいるとき
気がつくといつも小鳥たちがいるね

そうか　あたしとおんなじだね
あなたのそばにいたいんだね

あなたがあたしの前を通りすぎるとき
いつも空から

星が降って来るね

そうだ　あたしとおんなじだね
星だってあなたのそばにいたいんだね

きっとあなたが生まれた日は
天使たちがみんな集まって　彼等の夢を叶える事にしたのよ
それであなたのブロンズの髪には星屑を
蒼い目には星のきらめきを散りばめたんだわ

だから

当たり前よね
この町の女の子がみんな
憧れのあなたを追いかけまわすのは

あたしとおなじだね
みんな　憧れのあなたのそばにいたいのよ

あたしとおなじだね
みんながあなたのそばにいたい

初出 「PELISSE」2009年6月26日

平岡正明逝く

Masaaki Hiraoka (1941.1.31 - 2009.7.9)

『毒血と薔薇　コルトレーンに捧ぐ』のあとがきを書かせて頂き、出版イベントでご一緒して意気投合したのがきっちり2年前ですから〔追記1〕、晩年の2年間に可愛がって頂いた事になります（因みに、清水俊彦先生もそうでした。お二人とも、コッチは中坊の頃から存じ上げていた、数少ない正真正銘の大先生です）。陽気で元気で、無邪気で、喧嘩と仲良しが大好きな先生でしたので、湿っぽい話なんざしません。日比谷野音では武田さんのユーレイだけでなく、平岡先生のユーレイもやって来るので、実に景気の良い話になりました。先生、これだけバタバタくたばって、もう追悼も胸焼けたよてえ頃に逝くなんざ、ブレ全然無し。これが男の粋てえ奴です。

ジャズよりほかに神は無し。日本で最後の、本物のアカである平岡正明先生のご冥福を、全身全霊を賭けてお祈り申し上げます。パーッと派手に行きましょう。

初出「PELISSE」2009年7月10日

〔追記1〕

筆者と大谷能生の共著作である『東京大学のアルバート・アイラー』に対して、最もヒステリックな陰性反応を示したジャズ評論家は寺島靖国で、逆に最もヒステリックな陽性反応を示したのは平岡正明だった（ここでは敬称略）、特に「炎上」などといった洒落臭い時代が来る前に死去し、生前は大変な喧嘩屋で鳴らした平岡は、我々の拙著を更に褒め讃えるために寺島に某オーディオ誌上で食って掛かり、喧嘩は大喧嘩の様相を呈した。

二転三転の結果、筆者は山下洋輔組の若衆だった事もあり、山下の盟友だった平岡の、ちょうどその時期に出版された著書（主にコルトレーン論）である『毒血と薔薇』のあとがきを書き、そのスペースの中で、この喧嘩の火消しとなるべく寺島へのフルスイングのビーフを決行、寺島からは何の反応もないまま、平岡と急接近し、以来友好を深める（結果として喧嘩は沈静化された）。

07年の7月28日（本書の時間軸だとカール・ゴッチの没日であり、本文のほぼ2年前）に、筆者は平岡正明と『毒血と薔薇』の出版記念トークショーを行い、会場には荒戸源次郎、秋山道男、秋山祐徳太子、康芳夫、末井昭、上杉清文、粱石日、村井康二、マイク・モラスキーといった、名だたる昭和の怪物達が集結、ブログにもその模様が記されるが、本書では割愛してある。

中でも、平岡との交遊は本文まで続き、結果として清水俊彦との交遊とほぼ同じ形になった。

平岡先生の事
――平岡正明2

お暑うございます。平岡先生の思い出をほんの少々。先生はピナ・バウシュと一つ違いのあいざきしんやこと68でしたが、パソコンは勿論、携帯もお持ちでなく、連絡は家電話かファクスでしたので（原稿は最期まで手書きだったと思います）ワタクシついつい不義理をしてしまう事が多かったのですが、油断すると先生から本やＣＤ（ワタシに聴かせたいやつ）がばんばん郵送されて来まして、先生の本だけでも読み切れないというのに、どんどん溜まりまして、読めず聴けずのままだったんですが、何せそういう訳で、お礼もそこそこのままでした。これから楽しみに全部いかせて頂きます。

ダブ・セクステットもぺぺも気に入って頂いた様で「あのねえ君ねえ。あれは最高の大衆芸能だよ。う〜ん。ギリギリで芸術じゃない。そこがいいんだなあ。ああいうモンが最近ないんですよ。芸能であろうとするジャズメンがね。ね〜え」と、あの笑顔で仰られたので、まあその、ドキっとしました。

大衆芸能評論の草分けにして第一人者である先生に言ったら叱られちゃいますが、〈あ、やっぱ一発で解るんだ〉と、のけぞった訳ですね。先生はワタシの書籍は『東大アイラー』以外読んでおらず、パソコンもなく、CDをお聴きになっていただけで、初めてのライブを見終えた第一声がこれだったのです（その直前に、頭の上で叩く拍手と満面の笑顔。というのが先んじましたけれども）。ワタシは、リズムも調性も物語も、人々の感受性や世界観ごと変化させ、ひいては世界自体を変えると、そしてリズムも調性も物語も、アートではなく芸能が拡張すると（大マジで）信じています。ワタシだけでなく、ゲッペルスもそう言ってますから間違いありません。ねえ先生。

ある時から、腰が痛いのでライブに行けないと仰る様になり、何度かそれが続き、どうやらお体の具合が悪いらしいという噂を耳にしまして、先日、先生がお好きな和菓子をお送りさせて頂いた所、奥様から留守電が入っており「平岡が、元気になったらあれはオレが全部食べるんだ。と言って喜んでいます」という内容だったのですけれども、その声が少々震えておられまして、一度しかお会いした事はありませんが、奥様は嘘や取り繕いが一切出来ない、天使の様な方でしたので、ワタシは察し、しかし、ドジな事には、そういう事一般に於ける限界に従ってしまい、何も出来ずに居ました。

ワタシは巷にある特定の宗教には入っていませんが（折伏も勧誘もされた事もないです。ウェイン・ショーターにさえ。です）、祖霊と造物主としての神の存在は信じており、寝る前には必ず手を合わせ、集中する様にしています。何て事はない、その日の音楽と食事に恵まれた事を感謝するだけなのですが、その日からそこに、平岡先生に関する事が加わり、それは訃報が入った当日まで続きました。『毒血と薔薇』の中で、先生は寺島靖国先生に「寺島、死神と戯れるな」というメッセージを残しています。ワタシは、あのメッセージが、寺島先生にちゃんと伝わったんだ。と解釈しております。あとがきに書かせて頂きましたが、先生が生涯をかけてやってこられた事は、一つ残らず、愛するという事ばかりですなあ。

どんな風に書いても、力足らず、読みようによっちゃあ悲しい様に読めてしまうというのが残念至極。ワタシは、小さい頃に葬式が大好きで（母方の実家の寿司屋の2階が宴会用になってまして、いろんな酒席が立ったんですね）、しばらく回りの様子見て静かにしていれば、途中からはたらふく喰って騒いで、オトナ達の前で歌ったり、お膳の上で踊ったりして大人気でした（親は怒りましたが）。ですから、ある日テレビで、生まれて初めてニューオーリンズの葬式を見たら、みんなが歌ったり踊ったりしているんでビックリして大喜びしたもんです。あん時の驚きのまま、今まで来てるんじゃないかと睨んでますね。平岡先生は、オバマ政権を、何の衒いも保身もなく、生涯ブレなく脇ガラガラ空きで、ほぼ手放しで喜んでおられ、「オレはそれをサッチモで祝福する。オマエはマイルスで受けろ。そうだろ？（笑顔）良いなあ」と言っておられました。

明日は先生の葬式です。ワタシが葬式に行くのは父親以来です。ベタな話ですが、ニューオーリンズ方式にしたかっただろうなあと思いますんで、陽気に行きたいと思いますよ（ニューオーリンズも、往路は悲しい感じなんですけどね）。まあ、日本だと怒られちゃう訳ですが、ワタシは申し上げた通り、葬式で芸人デビューしたような男ですんで、キャリアがまあ、ね。違う訳です。夏だし、花火でも上げてやろうかしら。と思ってます。長沼（マネージャー）が慌てて消そうとするのは目に見えてますが、焼香の火を導火線におっつけるので大丈夫でしょう。

ペペやダブ・セクステットだけじゃなく、ワタシが武田さんの代理人として山下トリオで演奏する所を、出来れば肉体コミで観て頂きたかった。何て言えば、センチメンタルに聞こえるかもしれません〔追記1〕。しかし、これぱっかりはもう、どう考えても当日先生いらっしゃるに決まってますから、要するにわざわざ死んでから来る訳で、死んでから来れば腰も痛くないんで、疎まれたりもしない訳で、やっぱりすげえなあアカは。パねえよな。ホンモンだよ。と言わざるを得ません。では、行って参りますので、お読みになった皆さんはモニターに塩かけて下さい。

〈霊前に出したかったモノを〉

先生、ズワイガニのカニ豆腐です〔関係ないですけど、カニと言えば、今日テレビ出まして、タコとか貝とかと共演して来ましたよ。是非見て頂きたかったですよ。ジャズやったんだから。貝とですよ〕。王さんつって、上海の租界で生まれ育った結構なダンディがいらっしゃるんですが、その人の店で出してる奴です。これはカニから何から、出汁も油も餡の具合ももう、抜群に旨いです。新宿で一番旨いです。ご飯もつきますんで、頼みましょうか。真ん中に箸立ててね。

先生、こいつはあの、フォワグラなんですけども、間に挟まってるのはリド・ヴォーって言いまして、仔牛の胸腺です。これも旨いですよ。ちょっとションベン臭いの。マデラつって甘いタレがかかってます。あと、洋菓子ですみません。でも全部旨いんですよこれが。先生が逝かれた瞬間、ちょうどアタシ〔追記2〕これ喰ってたんです。

初出「PELISSE」２００９年7月12日

〔追記1〕平岡正明は、日比谷野外音楽堂で行われた「山下洋輔トリオ40周年記念演奏会」の1週間前に亡くなった。筆者がそもそも、山下洋輔トリオの歴史中、唯一の物故者である武田和命の追悼という形で山下組に加わった事は本書にも記した通りであるが、このコンサートではその事実を受け、武田の代理としてメンバーに名を連ねた。手垢にまみれた表現だが、総ては知る由もなかった。

〔追記2〕「アタシ」は、平岡と筆者と、そして荒木経惟を結ぶキーワードである。詳しくは『毒血と薔薇』の筆者による解説参照のこと。

Kazunori Takeda (1939.11.14 - 1989.8.18)

墓参り／一人旅

――平岡正明／武田和命に

新宿発14時50分の、京王高尾線の準特急に乗り、車中で慶應本（『アフロ・ディズニー』）のゲラチェックをしていたら、さっきからワタシの前にずっと座っていた、世に言う草食系男子めいた男性が、〈意を決した〉といった風情でやって来て「あのぅ」と言ったので「はい。どうもどうも」と答えたら「うわあ。うわあ。うわあ。本物だ」と言われました。

「そ、それ慶應の講義本ですか」「そうです」「うわあ」「結構面白いですよこれ」「うわあ」「どちらまで行かれるんですか?」「つつじヶ丘です」「ああそうですか」「菊地さんこそ、電車なんか使うんですねえ」「まあ、その、私用で（笑）」「あのぅ。頑張って下さい」「うん。あなたも（笑）」

高尾山口で降りると、ここが新宿からたったの50分かと溜息をつくしかない光景が広がっています。タクシー乗り場に電話番号が書いてあり、自分で呼び出すのです。猛暑。しかし清涼。

タクシーが来るまで、路面に腰掛けて空を見ていました。ワタシは、近所の散歩こそ日課ですが、所謂「一人旅」というのは、生まれてこのかた1回だけ、ブエノスアイレスから東京まで(52時間。理論的な最遠地)という、実に極端な男でして、「あ、これって、初めての国内一人旅かも」と、思わず口に出してしまいました。良いなあこれ。もっとやろうかなあ。外の仕事がない時に、旅館に泊まって翌日帰ってくれれば、いつでも行けるよなあ。

タクシーが来て「高尾霊園までお願いします」と言うと「第一？　第二？　ですか」と訊かれたので、慌てて山下洋輔さんから貰った地図を見せますと「ああ、これはね、駅一つ過ぎてますね。こっちは高尾駅のが近いですよ」と言われ、車は川沿いにどんどん逆行して行きます。一挙にフラッシュバックしたのは、90年代、ツアーミュージシャンの仕事がメインだった頃に、日本中、世界中を旅して回っていた頃の記憶でした。猛暑。清涼。国道。山。

ああ、こうやって、初めて来る山の中の駅でタクシーに乗って、あちこち移動したもんだ。このまま一生ツアーでも良いと思っていた。毎晩違うホテルに泊まって、毎晩違う女の子と遊んで、毎晩違う料理を食べて、毎晩同じ曲を演奏する。歌舞伎町に住んで、作曲したり本を書いたり、大学に先生として通うなんて、夢にも思ってなかったなあ。本当に、人生ってわかんないよなあ。眩しいなあ。光が。山の中って光が眩しいよね。空気が奇麗だから。何て言うけどね。自然が年々破壊されてる実感なんて、一つもなかったよ。今だってないよ。凄いよこの山。

壮年の運転手さんが「お客さん、お若いのに親族の墓参りですか、偉いですねえ」と言いました。二重に間違っている訳ですが、曖昧に「ええまあ（笑）」と答えて、車はどんどん、パノラマ富士を登る様に、スロープしながら、巨大な霊園を登って行きます。

「あ、ここだ。10分で済むんで、ちょっと待っててもらえますか？」と言い、山下さんの地図を再び取り出すと、あっという間に見つかりました。

ワタシは、墓地が大好きです。パリでもベルリンでも、上海でもバンコクでも、巨大な集団墓地に必ず行きます。モンパルナスでゲンズブールの墓に手を合わせていて、ナンパされた事もあります。

周りを見渡し、深呼吸をして、改めて墓に向き合い、帽子を脱いで合掌し、声に出して挨拶しました。武田さん初めまして。菊地と申します。不束ながら、代役を務めさせて頂きます。武田さんが喉頭ガンでヤバいんでカンパ募る。って張り紙がピットインに張られた時は、アタシまだペーペーでしたが、なけなしの1000円出したんで、まあれが袖の下になったのか、武田さんが逝っちゃって、それがきっかけでアタシは山下組に入りました。ご挨拶が遅くなって、

本当に遅くなっちゃって……と言いかけた時に、一瞬涙がこぼれそうになったので、上を見てグッとこらえました。お好きかどうか、これ、適当に選んだんでわかんないんですけど、酒屋が勧めた焼酎です。あんま墓石に糖分のあるモンかけちゃいけないいんですけど、かけますね。やって下さい（ドボドボドボドボドボ）。

アタシ、1回だけ新宿の地下鉄のキオスクで武田さんに出くわした事あるんですよ。山下トリオのライブの後だったんで「うっわ。武田和命だ」と色めき立ったんですけど、武田さんそんときものすげえシリアスな顔してガム選んでて、結局梅のガム買ってました。憶えてないですよね（笑）。

「円周率」と「ジェントル・ノヴェンバー」をやらせて頂きます。本当は武田さんの楽器で出たくて、山下さんに頼んで、アケタさんとかにあたって貰ったんですけど、もうどこにあるかわかんないみたいです。そっちにあるでしょ。

ねえ？　なんで、今日はリード持って来たんで、力を下さい。「何だよ2半かよ」なんて言わないで下さいよ。武田さんが5使ってたって方が遥かにおかしいんですから（笑）。5使って、煙草とウイスキーでしょ。そんなもん喉壊しますよ。だから墓ん中にいんだよって話ですかね（笑）。ですよね（笑）。

今日初めてお会いした、駆け出しのチンピラが言うのもナンですけれども、これから一生なんて言いません。明後日だけで良いです。一緒にステージに立って下さい。平岡先生がついこないだそっちにいったの知ってますよね？　平岡先生も来るんで、一緒に、アタシとステージに立って下さい。アタシ特定の信仰がないんで、題目どうすれば良いかわかんないんですけど。武田さんと一緒なら全員ブチのめしてやるって、でっかい口叩いちゃったんで（笑）、アタシはあの、全然武田さんと違うタイプなんで、あいつが武田の代役かよ。なんつって腹立ててる通の客人もいるんですよ。そういったお客人もまとめてブチのめします。勿論その、良い意味でね。良い意味ですよ（笑）。もうちょっといきますか？　焼酎（笑）。はいどうぞ（ドボドボドボ）。

むせ返る様な暑さの中、草いきれと焼酎の臭いが混じり合い、むせ返しそうになるも、それは一瞬で爽やかな空気に変わりました。自然には物凄い浄化装置が付いている。ワタシは黙り、数分間黙ったままになって、今度は何も言えなくなりまして、更に数分間黙りました。「良い所で、お休みですなあ」と言って立ち上がり「それでは失礼します」と最敬礼しました。ジャズファンの皆さんが想像されているよりも、遥かに見晴らしの良い、のんびりした奇麗な場所で、武田さんはお休みになっておられます。

タクシーに戻ると、運転手さんが「偉いねえあなた。お若いのに一人でねえ」と言いましたので「いやあのワタシ、学生みてえな顔してますけど、46なんです（笑）」「たは。たははは。いっやこっれは失礼しました（笑）。てっきり孫の歳だとねえ（笑）思ってましたが。息子の歳ですね。ご家族のお墓ですか」「え。いや。その……先輩のね」「会社かなんかの？」「いえいえ。あのう。ワタシ音楽家でして」「へえー。クラシックか何か？」「いやジャズです」「ほうー。やっぱりモダンスタイルですか？」「いえあの。フリージャズって、お解りに……なりますかね？」「ええと、山下洋輔みたいな？」「あれ！　あれあれあれあれ（笑）」さすが戦後屈指の煽動力と影響力。

ここから先の会話は割愛しますが、降りしなに運転手さんは「あなた、頑張ってね」と仰いまして、都合二丁も頑張ってね言われちゃいました。「運転手さんも」と言って、我々は握手をし、再びワタシは京王線に乗って新宿に戻り、武田さんのフォースが備蓄されているリードを数枚、昔のピットインがあった場所に置いて来ました。これで繋がった。完全に。

ワタシの、このファックな夏の、生まれて初めての一人旅はこうして終わりました。明後日は、ワタシさえしっかりやれば。ですけれども、武田さんは野音に来て、演奏して下さるでしょう。

平岡先生は、大笑いでしょう。夏場だけに、葬式だ墓参りだと実ににぎやかな話です。明日はリハーサルなんで猫かぶりますが（笑）、明後日は武田さん平岡先生と一緒に、諸先輩方をブチのめします（ワタシ一人だったら、ワタシがブチのめされてポイですが・笑）。お楽しみに。

初出「PELISSE」２００９年7月18日

George Allen Russell (1923.6.23 - 2009.7.27)

夏 un
――ジョージ・ラッセル死去

さて、冒頭に早めの追記（本文が書かれて1時間以内に書いています）を掲示します。「リディアン・クロマティック・コンセプト」の始祖、ジョージ・ラッセル氏が亡くなりました。ご冥福をお祈りすると同時に、8月11日のDJはラッセル多めのクール&クール&アトーナルなセットで行く事にしましょう。

それにしても何という夏でしょうか。高名なロックバンドのギターの方や、アニメーションの絵を描く方などもお亡くなりになった様で、お二方はワタシとは縁なきエリアの方だったので、痛みの強い訃報のチェインも一段落かと思いきや、ジョージ・ラッセルです。86歳。大往生と言えるでしょう。というか、「最も長生きしたのはやはりラッセルだった」というべきでしょうか。

多くの読者の方々にはご存知の通り、ワタシの最近の仕事の中には、氏の研究も大きな項目として組み込まれていました。日本人の著述家の中で、少なくとも21世紀に入ってから、「ジョージ・ラッセル」という名前を最も多く著作やインタビューで発言しているのはワタシであるという自負があります〔追記1〕。

氏の仕事に関しては、英文の訃報の数々を読んでも混乱したままです。「マイルス・デイヴィスのモード奏法を、理論的に先導した」といった記述も多く、しかしそのほとんどは、議論の対象にはならないでしょう。そして、これもほとんど議論にならないであろう、しかし最大の謎は、とうとう氏が白人説と黒人説（と、若干のネイティヴ・アメリカン説）が明確にならないままに亡くなった。という事です。40年代から活動している北米のジャズメンの中で、そんな立場は唯一無二の物です。氏の音楽と同じ様に。

ご冥福をお祈りすると同時に、ここでは氏の素晴らしい音楽を皆様にご堪能頂く事にしましょう。本文が終わりましたらご紹介しますので、先ずは些かアンニュイでスティーミーな本文をどうぞ。

＊

それがどんなに重く辛かろうと、むしろ重く辛いからこそ、夏は――ひとたび始まってしまいさえすれば、どうしようもないほど――輝いてしまう。これをワタシの個人的そして世代的な属性と言ってしまうのは容易すぎるでしょう。ワタシの実家は犬吠海岸まで自転車で10分であり、「夏ダカラコウナッタ」というコピーが、ビーチボーイズからサザンオールスターズから山下達郎までを無理なく繋いでいました。

しかし、気がつけばセンターでアクションするサマー／ビーチソングがなくなって久しいですなあ（Jレゲエが頑張っていますが）。要らないからでしょう。ワタシの夏に関する小論文のテーマといえば、〈夏フェスはTUBE（バンドの方ね）を殺したか？ TUBEの夏ソングが1位から転落したのは2004年〉といった、愚にもつかない物です。パソコンさえあれば、小学生にも人文科学の論文が書ける時代になりました。サマーソングのない小中学生が気の毒な様ですが、何の何の、アイフォンとやらを使って、ワタシよりも多くの、歴史上のサマーソングを楽しんでいるかもしれません（彼等がワタシにその話をしてくれるのは10年後になると思いますが）。

冷たい物をどれだけ喰っても腹を壊した事がないという育ちの悪さに胡座をかいて、かき氷を喰ったり、ヴィシソワーズを飲んだり、冷製の松茸茶漬けを喰ったり、キンキンに冷やしたボッタルッガとキャヴィアのカッペリーニにレモンを搾りかけて喰ったり、凍らせたラタトゥイユを粉砕してグラニテにして喰ったりしています。生涯（まだ生きていますが）氷を口に入れた事がないというジョアン・ジルベルトが聞いたら、そのまま風邪を引いてボサノヴァを歌い出すかもしれません。ワタシの場合は、必ず最後にはカニ炒飯を喰いますが（ヤシガニだと思い込んで）。

再び、どれだけ重く辛かろうと、夏は阿片の様に効いてしまいます。ドラッグに例えるなど畏れ多い。何せ季節そのものである。春夏秋冬、どれがオマエには一番効くのかと言われれば、どれだけ博愛の徒を気取ろうにも、どうしても夏だとしか言い様がありません。ワタシは過去——20世紀までは——女性に水着を着せてうつ伏せて貰い、ヒップラインの部分を指先で摘んでは弾き、笑いながら溜息をつく。という憂鬱な遊び事を一年中ほぼ毎日やっていて、つまり、愚かにも、旬というものが喪失し、これは文字通り栽培された果実の如くになっていた訳ですが、あれは皆さん（女性の方も。です）実際におやりになってみれば解りますが、本来夏にこそすべき事であって、春にやってもうら寂しいばかりですし、冬にやったら悲しすぎです（秋には——駄洒落の様ですが——ちょうど飽きています）。

ああやってまた、冷房の効いた部屋で、水着と素肌の境界線を何分間も見つめながらデューク・エリントン楽団なんかを聴いたりしたい。という過去への追慕が蘇りかけたりもするのですが、時代はとにかく変わってしまい、何よりも水着と素肌の境界線の意味が大分変わってしまいましたし（例えば、これはほんの一端ですが、現在ワタシが一歩外に出るや否や、目に入る物といえば、水着と大差ないお召し物で闊歩されたり果物を買ったりしている、韓国人女性の皆様方です。70年代のニューヨーカーがタイムマシンでやって来たら、街中が売春宿だと思い込み、思いっきりコカインを吸引するでしょう）、ワタシはどういう訳だが、慶應大学本の最終脱稿と野宮真貴リサイタルの準備と、ペペ・トルメント・アスカラールのアルバム作曲と、ダブ・セクステットのツアー準備と、DJとしての選曲を同時に進行しながら、ミッドタウンで一般向けの講演をやったり、「パフォー！　夏フェス」に出演したりしています。実に、喪失と獲得に天秤はありませんなあ。と、夏の溜息を一つ。

そういった感じで、通常こうしたスケジュールは、はっきりと芸術家に「手抜き」を要求するものなのですが、我ながら恐ろしい事には、手抜きなしどころか、こうしたスケジュールが仕事に磨きをかけるのです。天秤などないのに。ないと自分が言ったばかりなのに、ワタシが、少なくとも夏に、喪失したもののの総ては、ほんの少々の事だったのに。たった、水着の稜線に指先を挟んで弾くだけの。

＊

さてお待たせしました。それでは本日最後に、とびきりクールなコチラを。番組は１９５８年に開始された名番組（30分番組で約1年間続きました）「ジャズの学科」であります。

http://www.researchvideo.com/footage-libraries/the-subject-is-jazz.html
（「ジャズの科目」「ジャズの時間」でも良いかしらん。現在はリンク先の閲覧不可）

YouTubeのタイトルに記載はありませんが、この回では、現在ではオムニバス『THE VIBE! Vol.1 Hypnotic Grooves, Hard Bop & Modal Jazz』への収録でしか入手が困難な「ビリー・ザ・キッドのための協奏曲」の貴重な生演奏〈6：00〜〉、そして、リヴァーサイドでの1枚目「ストラタスファンク（層雲のファンク）」のタイトルチューンの、これまた貴重な生演奏（映像）です〈14：40〜〉。

英語がご堪能な方には、番組ホストである、コロンビア大学教授（当時。現在は名誉教授）のロバート・ペース氏によるラッセル氏のインタビューも聴き所。

そうでない方は、マイルスに匹敵する天下のミスティフィカシオニスト、ジョージ・ラッセル氏が白人か黒人か（はたまたネイティヴ・アメリカンか）刮目してご覧下さい。末期ラウンジ・リザースのファンの方などは「ああ、これのインチキ版か、ジョン・ルーリーは」と納得される事でしょう。
「このピアノ、上手いね〜」などと言ってるドシロウトはジャズの科目退学ですぞ。

ワタシが生まれる5年前に、ジャズの世界はもうこんなにヤバい事になっていました。クールとはこの事。スイングとはこの事。鯔背な狂気とはこの事であります。ラッセル氏が演奏せず、作曲だけしてスタジオで哲学そしてジャズの未来について述べています。1958年。来るべき60年代を前にしたアメリカの疑似科学美、マッド・サイエンティック・クールの真骨頂がここにあります。ワタシは氏の存在自体の宗教性について指摘して来ました。そしてもし氏の音楽が宗教音楽であるならば、70年代のハービー・ハンコック氏の音楽と並び、20世紀の地球で生まれた、最も素晴らしい宗教音楽である事は間違いありません。「外の世界」では、エルヴィス・プレスリーがロックンロールという音楽で、総ての記録を塗り替えている時に、ジャズは既に「学派」を名乗っていたのでした。

晩年の氏はアルツハイマー病に罹っていましたが、これは我々が住むイオニア宇宙での観測結果というべきでしょう。氏は地上のどこよりも完全な、リディア的な調和によって形成されるクロマティック宇宙に行き、そして更に広大な宇宙へと旅立ったのです。

http://www.youtube.com/watch?v=vAgaqALyJJ4&feature=channel

（現在はリンク切れ）

初出「PELISSE」２００９年7月29日

〔追記1〕筆者の「ジョージ・ラッセル研究」は更に続き、現在は、世界でほぼ唯一、ジョージ・ラッセルの楽曲を完全再現するバンド（菊地成孔ダブ・セプテット）の活動を行ったりしている。また、ラッセル氏の死後刊行された（未訳）評伝によって、「ずっと曖昧だった人種問題」は「色の薄い黒人」で結着した。

「オレは死にたくない」
——マイルス・デイヴィス2

と言って亡くなった、マイルス・デイヴィスの命日に際し、喪に服した一日でした。濱瀬先生と一緒に演奏し、終わってからワインを大量に飲みました。We loved him madly そして Someday my prince of darkness will come.

明日よりしばらく大仕事がなくなり、映画本（『ユングのサウンドトラック』）の執筆にあたります。天国でマイルスがエリントンのオーケストラ（の、3番トランペット）にいますように。

初出「PELISSE」2009年9月29日

Kazuhiko Kato (1947.3.21 - 2009.10.16)

加藤和彦氏逝去

非常にデリケートな話ですので、慎重に書かせて頂きますが、ワタシは、自殺願虜を一般的症状とする鬱病、特に中高年性のものが、一時のエイズの様に、決定的な死病であると一度は認識されるべきであり、更に、重ねてエイズの様に、既に死病ではない。という社会的な克服の姿を見せるべきであって、それに向けて各セクション（勿論、医師も音楽家も、宗教家も魚屋も、金融業者も化学者も、お笑い芸人も派遣社員も、みんなそこに含まれます）が尽力するのが望ましい。とする立場です。

ですので、今回、故人の死は、異論もあるでしょうが、ワタシは病死という概念で認識しますし、そういう意味では、今のところ沈黙を守っておられる、フォーク・クルセイダーズのメンバーにして精神科医である北山修氏の発言が待たれます。それがどれだけ酷な事かは、承知の上で。です。端的に申し上げて、名曲「あの素晴しい愛をもう一度」は、鬱的な感受性の煌めきによって、永遠の命を保証されていると言えるでしょう。

昔からのファンの方はご存知の通り、ワタシは故人の「ソロ3部作」を半ば人生の指針にして来ました。そして、先日のピットイン3デイズ中「シングス・オンリースロウ」という企画の中で、いよいよ故人の歌、具体的には「あの頃、マリー・ローランサン」「女優志願」の2曲を歌うべく、CD盤で購入、30年振りほどでプレイしてみて、止めたという経緯があったばかりです（厳密には、J-WAVEの自分の番組でプレイした事があるのですが、あの時はスタジオプレイではなく、曲名だけ指定して、局にプレイして貰い、コメントだけ収録したのです）。

何故止めたのか。という話は当日のMCでもしましたし、一部ネット上に書いたりもしましたが、一言で言うならば、自分で創り上げた偶像が巨大すぎた事を知らされたからです。

ワタシが16歳から20歳にかけてリリースされた『パパ・ヘミングウェイ』『ベル・エキセントリーク』『うたかたのオペラ』そして、それらの総決算でありながら、洒脱なボーナス・アルバムの様な軽みをたたえた『あの頃、マリー・ローランサン』は、あまりにも圧倒的な存在であり「日本人が製作するアルバムで、これ以上粋でファッショニスタな、大人の音楽は永遠に存在しないだろう」と思い込んでいました。あまりの衝撃に、ことあるごとに聴きかえす。という事をせず（出来ず）、買ってすぐに熱病に憑かれたように何百回も聴き、それっきり聴かないままでいたのでした。

いつか、あれらの曲を歌おう、そしていつか（以下、故人の遺書を鑑みるに、皮肉な物言いとなってしまうのですが）、「もう音楽でやるべき事がなくなったら」、もう、遮二無二取り組んでいく様な、自分が神から与えられた、ミッションもみんなやり遂げ、人生にほんの僅かな余暇が出来たら、隠居作品として、ああいうアルバムを、気の置けない仲間達と一緒に出したい物だ。そうしたら、今度はそれが、スローでスマートな、自分のミッションに変わるのだろうと、30年間思い続けていました。ある日、調べものの流れで、故人がこの3部作を発表したのが30歳そこそこだったと知り、愕然としたのも記憶に新しいです。ワタシは「45〜46で作ったに違いない」と決めつけていたのでした。ワタシが『アイアンマウンテン報告』を作った歳よりも、遥かに若い。マイルスが『マイルス・アヘッド』を作った頃です。ワタシの、「加藤和彦ソロ3部作」への神格化は、更に深まりました。

そして（これも皮肉な話ですが）、訃報が連発した、この夏の終わりに、「シングス・オンリースロウ」で、歌おうとCD盤を買い直し、総て聴きかえしてみたのです。

以下、追悼の意の表明として、故人の生前の業績を貶める発言ではないと信じますので、正直に書きますが、ワタシは再び愕然としました。「こんなに青臭かったっけ」と思ったのです。

これではオトナではない、オトナごっこのコドモではないか。最も近接した音楽は、小沢健二氏のものだなと（オトナが偉く、オトナごっこはいけないとか、ましてや小沢健二氏の音楽が好きとか嫌いとかいう話ではありません。念のため）、生き写しである。と思ったのでした。

ジャジーに溢れかえっていたと思い込んでいたコード進行はシャンソンやフォーク並みに少なく（しつこいようですが、コード進行が多いから偉いとかいう事では決してありません）、深淵かつ軽い、欧米の粋な短編小説のごとき水準にあると思っていた歌詞は、当時の雑誌広告のボディ・コピーのように薄っぺらで、つまりこれは良くある皮肉ですが、故人が牽引した日本の未来は、故人の作品をして「石田純一のテーマソングみたいに聴こえてしまうなあ。ああ。何と言う事だ」と思わせるに充分なものだったのです。再び念のため。石田純一さんが嫌いだとか好きだとかいう話ではありません。というか、端的に好きですが、あの「あの頃、マリー・ローランサン」が、〈ちょっと気を許すと〉、というエクスキューズ付きで、とはいえ、石田純一のテーマソングに聴こえてしまうのはマズい。と、文字通り、タイムマシンに何事かを嘆願する様な気分でした。

こうしてワタシは、今よりも遥かに妄想癖が強く、神格化のハードルが低かった16歳当時の自分が創り上げた偶像を地にそっと置き直すと同時に、自分の未来に向けての可能性を一つ切断し、修正を余儀なくされたのです。妄想による神格化は、言うまでもなく自己愛の反映です。自己愛の反映によって対象を歪めてしまう。という、ありきたりな罪をワタシは犯し、静かに、小さく罰されたのでした。ワタシに、そしてあらゆる対象に対して、同じ罪を犯す10代のリスナーも数多くいる事でしょう。ワタシに申し上げられるのは、しかしこの程度の罪と罰は、むしろ人生を豊かにするという事です。

現在のワタシにとって等身大になった「あの頃、マリー・ローランサン」は、「ちょっといくら何でも恥ずかしくて歌えない」ものになりました（かなりしつこくなりますが、楽曲自体が独立して恥ずかしいのだと言っているのでは全くありません。ワタシとの関係に於いて。です）。ワタシは代わりに「今でも全然自分が歌うべき対象」であり続けるムーンライダーズの「G.o.a.P」を歌い、「加藤和彦ソロ3部作」は、ホステスさんやストリッパーさんやヤクザさんに囲まれて育った自分などとは全く重なる筈もない、生粋のファッショニスタにしてボンボンである故人の、愛すべき、あの当時の時代の徒花として、早熟で輝かしい業績の中〜終盤を飾る、良質な1アイテムとして、収まるべき所に収まる事になりました。

「音楽でやるべき事がなくなってしまった」という故人の台詞は、痛切な真実、というより、冒頭に書いた、現代社会病としての鬱病の、典型的な症状と考えるべきでしょう。フォークとロックとシャンソンだけを基礎ツールに、キャスティング替えだけで回していたら、そりゃあいつかやるべき事は尽きてしまうだろう。等とは、とても言えないからです。歌うべき歌は、やるべき新しいトライは、道端で一人になってもあるのです。四肢を失っても、瞬きを使ってでも刻むべきリズムは必ずあるのです。故人にも必ずあった筈です。故人のあの声、天性の天声は、全く変わっていなかったのですから。

64歳と、近い年齢で自殺した伊丹十三氏を連想した方も多いでしょう。お二人のプロファイリングは、素人目にも大分違うと思いますが、我が国の文化の中での立ち振る舞いには共振性があったと言って間違いないでしょう。ワタシは、あれだけボンボンで美しく、体軀にも知性にも恵まれ、若い頃からしっかりとお洒落でエッジで、早熟でダンディで軽みがあって、穏やかな笑顔を持ち、多趣味を極め、ガツガツせず、品のあるスタイリッシュな人生を送った人物が、60代と言わず70代と言わず、現在のこの国で、「やる事がなくなった」といって死んでしまう事を、一体誰がどうやったら止められるのか、全く分りません。あのとき、同じ空を見て、美しいと言った二人の、心と心が、今は、もう通わない。あの、素晴しい愛をもう一度。あの、素晴しい愛をもう一度。という痛切な「フォークのメッセージ」は、現在「ずっとそばにいるよ」「一生守ってみせる」「声を聞かないと不安になる」に変質してしまいました。我々は、アンチエイジングなどしている場合ではない。大人という、非常に贅沢な演技が全う出来、老人という、非常に贅沢な本質が全う出来る社会を取り戻すために、全セクション総力を挙げて闘っていかねばならないのです。故人の死をデカダンにしてはならない。心よりご冥福をお祈り申し上げます。

初出「PELISSE」2009年10月19日

Claude Lévi-Strauss (1908.11.28 - 2009.10.30)

クロード・レヴィ=ストロース逝去

今、これを書いておりますのは16時55分。非常に美しい夕焼けが新宿を染めています。書いている間に、宵闇は夜へと変わるでしょう。ここ1週間ほどは、映画本の追い込みで、特に、最後に書いた「大日本人」と「しんぼる」への評に時間がかかり、何度も書き直しましたので、気がついたら締め切りの10月29日を過ぎ、更に書き続け、街が騒がしいなと思ったらハロウィンで、ああ二丁目に行きたい。どんな事になっているのだろうか。と思いながら更に書き続け書き続け、やっと書き終わったのが11月1日の早朝でした（なので、あとがきには「11月1日　午前6時55分　ハロウィンが終わったばかりの早朝」とあります）。

それからワタシは仮眠をとってからシャワーを浴び、「ああ。やっと終わったよ。終わったー」と口に出しながら街を歩き、先ず西武新宿の「PEPE」でミュグレーのエンジェルをまとめ買い、それから伊勢丹メンズ館に流れて、アレキサンダー・マックィーンのムートン襟のコートを注文し、靴を2足買い、それから伊勢丹本館の地下グランカーヴでシャトー・ディケムを1本買い、ミュウミュウだのクロエだのを視察し、伊勢丹Re-Styleを視察し、それからルミネに流れて、ワタシが勝手に自分で「キトソン通り」と呼んでいる流れを一通り視察し、キトソンに辿り着き、サングラスを買って、それから「クレッソニエール」に行き、人参のサラダ、エスカルゴ、ソーシスとベシャメルのパイ包み焼きに合せてシャトー・ムーラン・ラ・ヴァン89年、シャトー・ボレールの05年と赤を2杯、マコン・ヴィラージュ、サンセールと白を2杯飲み、締めにタルト・オウ・シトロンを頂き、そしてそのまま「映画本が書き終わったら、先ずこれをしよう」と決めていた事を実行しに、半ばフラフラしながらバルト9に向かいました。11時25分からのレイトショーでしたが、１００人近い人々が集まっていました。

「THIS IS IT」についての詳しい感想は、次のトークショーで松尾さんと西寺さんと一緒に話しますが、とにかく冒頭から泣きっぱなしで崩落寸前になり、物凄い元気が出て笑い。という事を往復しながら、最後はどんどん落ち着いて来て、爽やかな中にもちょっとした重さが残る。といったコースでしたけれども、何れにせよ天才は重力を超える等当たり前（合気道の達人、修行を積んだヨーギ、西アフリカのヒーラーの如く、全く体重と、その移動を感じません）で、重力どころか、「時間」をもコントロール出来るのだと言う事を、嫌と言う程見せつけられました。登場する全員がインタークロックし、トランスしているこの映画では、マイケル・ジャクソンが、時間を追い抜き、時間に追い抜かせ、時には遡行さえし、常に時間を生み出し、いつでも自由に止められるという様が映し出され続け、ワタシが思ったのはむしろ「よく50まで生きたな」という事でした。ずっとチャーリー・パーカーを思い出していたからです。

我々ジャズメン全員が、個々人の程度差は兎も角、国語の様にしてパーカーのフレーズが血肉と化している、起きたら脳内にパーカーフレーズが鳴り、それが一日中続いている。という、パーカーの子等であるのと全く同様の事が、マイケルにも起こっています。パーカーもマイケルも、先生がいません。全く独学で（ジェームス・ブラウンやレスター・ヤングなど、素材はありましたが）全く新しい身体言語を生み出したのです。そして二人とも、派手に飛んだり、浮遊したりといった、ケバケバしいスペクタクルなしの、常に地に足がついている状態で、重力も時間も完全に超越している事を我々に知らせるのです。終了後には（小さく。ですが）拍手も起こっていました。この映画が最も素晴らしいのは、神域にあろうと、人間は人間だ。という当たり前の事を、雄弁に描いている事です。

本を書き終え、目的も達成し、大荷物と深い溜息を抱え、ワタシは部屋に帰って来ました。そしてレヴィ翁が亡くなった事を、フランスにいる友人からのメールによって知らされたのです。そのメールには「悲しいかな、京都のコンサートは良くなりそうだな」と書いてありました。ペペ・トルメント・アスカラールという楽団は、ワタシの幼少期に於ける「街と映画館」の記憶と、クロード・レヴィ＝ストロースの著作から受けたイメージの集積とで出来ており、そして、その初期設定を更新したのが、最新作の『ニューヨーク・ヘルソニック・バレエ』なのです。ワタシが京都公演に「悲しき熱帯〈京都〉」というタイトルをつけたのは、初期設定の更新前と更新後の境界越えを京都で行おうという意図に依る物でした。

アルチュセール、バルト、ドゥルーズ等の時とは全く別の感慨に囚われているのは、神域にある能楽師の舞いにも似た、ＭＪの姿を観て帰って来た事も関係あるかもしれません。レヴィ翁を超える、長寿の知識人は今までもいませんでしたし、これからもいないでしょう。「天寿の全う」という言葉が、どんどん重みを増して行く昨今ですが、レヴィ翁の逝去ほど、この言葉が似つかわしい物はないでしょう。翁の魂はどの地域の、どの部族の空に向かって飛ぶのか。ワタシに出来る事は地に足をつけて演奏し、その魂の行方を心眼で追う事だけです。夜の帳が降りました。ごきげんよう。

初出　「PELISSE」２００９年11月４日

Maki Asakawa (1942.1.27 - 2010.1.17)

浅川マキ逝去

浅川マキさんが公演旅行中に逝去されました。心からご冥福をお祈り申し上げます。マキさん。お疲れさまでした。ツアー先のホテルで、というのは、本当に、素敵ですね。明日は何を歌おうか、どうやって歌おうか。と思い描いている間に、逝かれたのですね。

ワタシはピットインのカンちゃんからのメールで知りましたけど、その後、タクシーに乗ったら、タクシーの前にパチンコ屋の看板みたいな、文字が流れるのあるじゃないですか、あれにも「浅川マキさんが死去　公演先の名古屋で」というニュースが流れてましたよ。でもそのすぐ次が「ゴールデングローブ賞にキャメロン監督の〈アバター〉」というのだったんで、すみませんワタシ、涙目ながら、ちょっと笑ってしまいましたけれども。

ワタシとマキさんに繋がりがあるとは、読者の皆様には想像もつかないでしょう。これは致し方ない。ワタシでさえ、ほんの数年前までは、想像もつかなかったのです。以下、故人を卑しめる不謹慎な表現であると錯覚されかねない記述が出て参りますが、そうではない事は、第一には、新宿ピットインスタジオの従業員であれば解る筈です。

当欄読者の皆様ならばご存知の通り、ワタシ多い時だと1週間に3回ほど、ピットインのスタジオを一日中レンタルし、拡大された自宅として、作詞作曲編曲、練習や読書や食事等々をスタジオに籠もって行っているので、ピットイン本店の店長である鈴木カンちゃんとは飲み友達ですし、スタジオの従業員の方々には盆暮れバレンタインと付け届け、懇意にさせて頂いております。

そんなある日、2年ぐらい前でしょうか。店長しか座ってはいけない、俗称「カンちゃん席」に、とても不思議な雰囲気の、独特なルックスのお婆さんが、ちょこんと座って、マグカップでお茶を飲んでいたんですね。リアル「ごっつええ感じ」といった様相です。

うわ。何だこの人。ひょっとして、外から勝手に入って来ちゃったのかな。そういう人多いし新宿は。と、反射的に思い、軽く身を固くしてしまいました（マキさんすみません・笑）。従業員は、そこには誰もいないんだ、勝手に座ってコーヒー飲んでるお婆さんなんかいないよ。絶対に。といった様子で、ワタシよりも身を固くしている感じでしたし。

とはいえ、ガキの頃から、所謂「ヤバい人」の対応には慣れてる方ですから、軽く身を固くしながらも、涼しい顔で「料金おいくらですか？」とか何とか、もしこのお婆さんが突然騒いだり暴れたりしたら（マキさんすみません・笑）、若い従業員くんがパニくらないように、上手くいなして外に出そう。と、緊急時の対応の呼吸を脳内シミュレーションしながら、目を合わせない様に、ガマグチを空けたりしました。

そうしたら突然、そのお婆さんが「あら」と言いました。そして「あなた。菊地成孔さんね。あら。違ったらごめんなさい。うふふふふ。でも菊地さんよね。うふふふふ」と言ったので、ワタシは（あ。やっべ）と思いながら、覚悟を決めて顔を上げ、にっこり笑って「はい。そうです」と言いました。

「あなたねえ。ダメよお。だってねえ。あなたのお写真だとかレコードのジャケットだとかね。拝見すると、とっても恐い顔してるじゃない。女殺しみたいな。ヘタに寄ってったら怒られちゃいそうで。ねえ。でも、昨日ね、偶然、テレビ見たら、あなたがね、マイルスのお話してるじゃない。それ見たら、優しい良い感じで。何だこんな人なのかあと思っちゃったわよ」

あれ、誰だっけ。どっかで見た顔だなあ。ももやもやするぞ。この人はストリートのヤバい人じゃない。ミュージシャンだ。でも、だったら尚更ヤバいじゃないか。と思いながらワタシは「恐縮です（微笑）」と、そのお婆さんに（やや強めに）視線を返しました。そして、

「ワタシはもう嫌なのよお。フリージャズの人はねえ、恐い人ばっかりなのよう。亡くなったバタ（川端民生氏）がそうでしょう。それに渋谷（毅）さんだって恐いんだからあ。優しい顔してんだけどねえ。恐いのよお」と、お婆さんが話し続けた瞬間、ワタシの眉間に軽い火花が散り、総てをメイクセンスしたのでした。

（あ。浅川マキだ。この人）

「ねー、だから菊地さんなんかね、また恐い人がねえ。あっはっはっは。ごめんなさいねえ。でもねえアタシ、本当に、恐い人だと思ってたから。何かねえ、初めて会ってみたらこんなに優しい顔なんだもん。ねえ。ダメよお。あっはははははは」と仰るマキさんに、ワタシは〈マキさん実は、ワタシ、お目にかかるのは初めてではありません〉と、言おうとして、止めました。

ワタシがピットインの昼の部でレギュラーをしていた頃ですから、かれこれ15年以上前の事です。演奏が終わると、店内に不思議な細工が施され始めました。照明が消され、控え室には暗幕

と紫色のセルロイドが張られ、ステージには毛皮の絨毯の様な物が広げられ始めました。まだ30代前半だったワタシは（あ、これが名にし負う、伝説の〈浅川マキの部屋〉か）と思い、ヤベえ早く帰ろう（マキさんすみません・笑）。と、楽器をいつもより手早くパックし始めました。

すると、店員さんがつかつかと寄って来ては、生贄でも見つめる様な表情で「菊地さん、マキさんが控え室でお呼びです」と言うではありませんか。ワタシは、結構大きめの声で「え？　なんで？　オレ？」と叫んでしまい、続けて今度は思いっきり声を潜め「え？　どうして、どうして？　オレなんかやった？　時間オーバーしてるっけ？」「いや。違うの。菊地くんと話がしたいんだって。マキさんが」「なに話って！」「いやだから、会って話したいんだってよ!!」「だから何の話よ!!」「しらねえよ!!!　マキさんが呼んでんだよっ!!!」

ワタシは当時、現在使っているミュグレーのエンジェルではなく、カルバン・クラインの、ややパセティックな柑橘系を付けていたので、先ずは慌ててそれをもう一度付け直し、控え室の入り口まで行き、髪を撫で付け、深呼吸をしてから「失礼します」と言って、扉を開けました。

果たしてそこは、もうピットインの控え室ではありませんでした。すっかり出来上がったその異空間は、紫の灯りだけがともり、煙草の煙が立ち上がる、「浅川マキの部屋」でした。マキさんは、ワタシを見つめ、黙ったまま煙草をくゆらせていました。

「失礼します」と、ワタシはもう一度言いました。すると、座ったままのマキさんは、あの、燻るような、かすれた様な、闇の中から響いて来る浅川ヴォイスで

「ねえ。あんたさあ。ド変態なんだって？」

と仰ったのです。

ワタシは、育ちが悪く、30過ぎるまでの間には、すっかり、プライヴェートと言わず、楽旅と言わず、世界各国のヤバい場所で、試されると言いましょうか、返答の仕方一つで命が取られかねないような、ダークでヘヴィーな質問を受け、踏み絵を踏まされる。という経験を、ささやかながらしてきてしまっていたのですが、これには、さすがに参りました。ピットインの控え室は一坪程の狭さで、しかもそこが、紫色の闇の中です。

物凄い勢いで脳が回転し、数秒で、凌ぎが算出されました。

ワタシは「はい」と言い、苦笑する事にしました。

するとマキさんは、同じ浅川ヴォイスのまま、今度はちょっと素っ頓狂な感じで

「どんなことしてんの？」

と仰いました。いきなり胸がすっと軽くなり、ワタシは噴き出すのを堪えました。

「いや（うつむいて笑いを隠し）。どんなってそのう。そんなに、そうでもないです。人が言うほどじゃないです」

ふうん……みたいなうなり声に続き、見かねた（らしき）マキさんのスタッフが「マキさん、セッティング出来ました」と言って、マキさんをステージに連れて行きました。ぽつんと残されたワタシは、ピットインの店員に、ウィスパー&大袈裟な表情で（いいの？　もう帰っていいのオレ？）と言いましたが、誰もが下を向いてテーブルを拭いたりしているばかり。ワタシは無事に放免。という事に相成り、以後、この日の話は、身振り手振りを交えた、ワタシの宴会での定番ネタとなり、何度も繰り返されて来ました。

「そこで浅川マキがさ、言ったんだよ、あの喋り方で、〈あんた。ド変態なんだって〉」「ぎゃはー！　すげえ！」

それから15年以上が経ち、髪もすっかり白くなられ、というより、60代も後半に入り、総てがすっかり別人のようになった、すっぴんの、とてもすっきりなさった浅川マキさんは、その後も、スタジオの同じ席に座り、マグカップ片手に、ワタシがスタジオに現れるたびに、「ねえ、初対面なのに、こんな事言ってごめんなさいね。あなた恐い人じゃないのねえ。今日、偶然ね。NHK見てたらね、外人の男の子の歌をさ（おそらく「パフォー！」のポール・バラードの事）、あなたが面倒見ててね。あれいいわねえ。上手いねえあの子」とか「ねえ、初対面なのにごめんなさい。失礼かなこんな事言うの。菊地さんって、ずうっとね、うふふふふ。あたし、恐いんだって、ずうっと思ってたのね。でもさあ、今日偶然NHK見てたら、爆笑問題の奴とさ、菊地さんが、喋ってたじゃない。あいつ意地悪ねえ、なのに菊地さんが優しく話してるからあたし感心しちゃって」などと仰いまして、ワタシはその都度、「いやあそんな。そうですか、でも結構良く言われるんですよね。恐いですかね（笑）」などと、同じ答えを繰り返し、決してそれ以上の話はしませんでした。

他ならぬマキさんご自身が、そう言われて来たのかな、それとも、マキさんは、みんなにそう言って欲しいんだな。マキさんは「そうよお。でも全然、実際会えばほら、ほらこんな、全然優しい感じじゃない。だからあたし嬉しくなっちゃってえ」と、毎回同じ答えを繰り返し、毎回二人で笑いました。

15年前の話は、別の宇宙の出来事になっていました。伝説の、新宿を新宿たらしめた「アングラの女王」は、少なくとも、ワタシと「会うたびの初対面」を繰り返している間には、そこにはいませんでした。

この数年で、それが20回以上あったと思います。見ていたのはピットインスタジオの従業員と、店長のカンちゃんだけです。マキさんはお元気そうで、年末恒例の3デイズ興行の時、カンちゃん以下ピットインのスタッフを無理矢理ひっぱり回したり、我が儘ぶりもご健在だったそうで、非常に凡庸な心理と表現になりますが、ワタシは、まさかマキさんが亡くなるとは思ってもいませんでした。

表立たない場所で、晩年の僅か数年に、とても可愛がって頂いた。などという事になるとは、思いも寄らず（清水先生も、平岡正明先生も、そうであったにも拘わらず。です）、まだまだこうして、マグカップ片手のマキさんに同じ事を言われ続けるのだ（毎回、ちゃんと見た番組は変わっているのに・笑）。と思っていたのでした。

享年67。ワタシが伝説の、新宿のアングラの女王の歌を生で聴いた事は、一度もありません。新宿は、他の東京の総ての街と同じく、あの頃の新宿である事を止め、すっかり生まれ変わっています。そしてマキさんは長い間その事を知らなかったのだと思います。厳密に言えば、あの頃の新宿が、どんどんどんどん小さくなり、とうとうマキさん一人の世界に真っ黒い点の様に凝集されていた事を、紫の闇の中でマキさん一人がそれを守っている事を、マキさんご自身が、ほとんど意識されていなかったのだと、ワタシは思います。マキさんは名古屋の地で逝かれました。天職を全うされた者への、神の采配でしょう。天国には天国のアングラがあり、天国の全共闘があり、天国の新宿が、天国の60年代が、天国の21世紀さえあって、マグカップ、もしくは煙草片手のマキさんが好きな時に好きな様にぶらぶら出来るようになっているのだと、ワタシは信じて疑いません。

初出「PELISSE」2010年1月18日〔追記1〕

〔追記1〕この文章は末井昭氏の目に留まり、浅川マキ追悼の書籍に収録される事が一時的に決まった。しかし、編集部の審査の結果、収録はなしとなった。理由は「浅川マキのパブリックイメージを守るため」。致し方なし。気持ちは分かる。しかしその行為は故人への冒瀆であると思う。

Alexander McQUEEN (1969.3.17 - 2010.2.11)

アレキサンダー・マックィーン逝去

ファッショニスタは喪に服す前に、動揺を隠しきれないでしょう。アレキサンダー・マックィーン氏が自宅で首を吊って亡くなりました。少なくともプレタが始まってから今日までの間に、氏ほどの才能とネームバリューを持つトップデザイナーが、氏ほどの若さで自殺で亡くなるのは初めての事です（一見良くありそうな事ですが、実はないのです。ゴダールは「映画監督で実際に自殺したのはユスターシュだけだ。後は全員、自殺の事を考えながら生きている」という言葉を残していますし、ワタシが直接パリに観に行ったガリアーノのショーでは、ガリアーノは死んでしまいたくなるほどの状況から見事に立ち上がってみせ、現在の凄まじい人気——彼の服よりも、彼自身の、名物の変わり者から、尊敬すべき人物としての——の形を決定しました）。

詳しくは「FN（ファッションニュース）」のワタシの連載をお読み頂きたいのですが、ハイモード界は現在、ショーに投下する予算もはじき出すのが精一杯という苦しい状況であり（ガリアーノ、ディースクエアード、D&Gなどが、何のセットもない、シンプルな特設会場でショーをする。というのは、ちょっと戦前的な、異様な光景です）、そうした苦しさの中に、全く新しい、文字通り、新時代のモードが生み出されつつあり、図らずも氏の（真の意味での）ラストショーになってしまった10年SSのコレクションも、「リアル／アンリアル」という境界が消失しつつある現状の中で、「マックィーンがリアルになるかも」という、ここ数シーズン続いた、静かなショックの経緯の中にある、クールなショーでした。WWDが伝える限りに於いて、氏の自殺の原因は、高い確率で不況とは関係ありません。

慎んで故人のご冥福をお祈り申し上げると共に、今回ばかりは、些かながらワタシの話もしなくてはなるまいと思っています。というのは、ワタシの、ファッショニスタ系のファンの方に限定されるとはいえ、恐るべき事に、ワタシと氏を結びつける傾向があり、そもそも『服は何故音楽を必要とするのか？』の最初の担当者だった（現在は2代目の方）本間裕子さんは、DCPRGでコンダクツするワタシを見てマックィーンの姿を直感的に重ね合わせ、モードライターとしては完全に素人だったワタシに連載の依頼をして来られたのですし、現在、あまりに動揺した方々から「菊地さんは自殺しないで下さい」というストレートなメールが寄せられています。

カール・ラガーフェルドの「彼の作品は、いつだって死と戯れていた」という追悼の言辞を指して「ワタシは菊地さんの音楽にもそれを感じます。なので背筋がゾッとしました」という方もいらっしゃいました。そして何より、当のワタシ自身が、マックィーンの表現（マックィーンだけではありませんが）に非常に強く魅せられ、おこがましくも、ある種のシンパシーを一方的に感じているのです。その記録は拙著『服は何故音楽を必要とするのか？』に明らかです。00年代に於いて、ワタシは、アレキサンダー・マックィーンに関して、最も熱狂的に、最も分析的に、最も数多くの言葉を費やしてきたライターであり、（ファッション関係者ではないという距離と角度から、氏の有名な鉄壁のガードをかいくぐり）世界で唯一、氏の音楽担当者（ジョン・ゴスリン）にインタビューを敢行したインタビュアーである事を自認しています。

そうしたワタシはしかし、〈自分は一生絶対自殺なんかしない。だから皆さんも頑張りなさい〉とかいった、無責任というかバカというか、はたまた無性に頼りがいがあるというか、そういうレヴェルの宣言をわざわざ高らかにするつもりはない。という意味で、そこそこ凡庸な人間です。世に一方で、常に自殺の事ばかり考え、それに取り憑かれて生きる。といった凡庸さも存在しますが、それとも違うと言うに吝《やぶさ》かではありません。

ワタシとて、何かの拍子に未来の自分が自殺してしまうのではないかという考えが浮かぶ時間が、一瞬たりとも全くないとはとても言えません。そうした予期不安が目の前まで忍び寄って来て、脂汗をかきながらそれが去るのを待つ。という時間さえ、数年に何度かですが、あります。そしてこれも、ワタシの推測値では、凡庸さに属するものでしょう。

我が国では、現在毎日100人ずつの自殺者が出ているのですから、こうした凡庸さが成立するのは当たり前の事です。我が国がイグアスの滝の真下に位置する列島であらば、日常的にそんな気がしなくとも、いつかあの滝に飲まれて死ぬかも知れないと思う事は凡庸さです。そして、何よりも凡庸なのは、自殺という、人間のみに許される死の形それそのものでしょう。死自体はたった一つの現象ですが、死に方は数限りなくある。自分が飼っている月の輪熊に喰い殺されるかも知れない。ゴダールの「東風」を鑑賞中の映画館が、失恋に苛まれた女性の手製爆弾で吹き飛ばされるかも知れない。一番売れている女優さんに、大きな灰皿で殴り殺されるかも知れない。正月でもないのに、餅が喉に詰まるかも知れないのです。

もし願いが叶うなら、吐息を白いバラに変えて、150歳ほどで、セックスの最中に脳溢血で死にたいと心から願うワタシですが、敢えて自殺と直接比較する限りに於いては、他殺（フォーク/文学よりもラテン/ダンス）を恐れる傾向が遥かに強く、もし自分の音楽が自分を浄化し、祓う事があるとすれば、そちらへの効用の方が遥かに現実的です。「ユリイカ」での伊藤俊治先生との対談でも語っていますが、これからは祓う時代であり、インディオが死者を死の世界から奪回する方法を（まさに、レヴィ＝ストロースなき世に於いて）、ワタシ（そして、我々）は模索しながら実践しているつもりです。

例えば『ニューヨーク・ヘルソニック・バレエ』で、ワタシが戯れる「死」は、20世紀的な意味での「死」のシミュラクラであり、タナトスの圧倒的なパワーの召還でありながら、その向こう側にあるものです。フェリーニが「8½」で、とりあえず、30年間は「死」を自分から遠ざけたのは、極めて20世紀的な方法と言えるでしょう。ナイフを使って動物を殺し、命の糧を得るか、ナイフを使って人間を殺し、死の糧を得るか。それがダンスミュージックの二律背反であって、そういう意味では、ワタシもドゥドゥ・ニジャ・エローズもカニエ・ウェストも、同じ諸刃の刃を振るっていると言えるでしょう。完全なる反ダンスの徒であったアレキサンダー・マックィーンには、生涯触るつもりもなかった刃であり、また、我々は、氏の振るった真の意味でのゴシックの刃を、陶然としながら見つめる他なかったのです。

それよりもワタシは、ブログやミクシィやツイッター等のインターネット・ツールに対し、その危険性を指摘し、自らは使わないという立場を貫いていますが（過去、ワタシはこうしたツールの前段階にあるツールに淫しまくり、勿論良い事も沢山ありましたが、最終的に、それこそ死の危険を感じて止めたのです。ある種のドラッグに対して、過去ワタシが取った態度と全く同じ経緯です）、今回の氏の自殺も、原因となるインパクト――

（括弧が長くなるので、段落を分けますが。母親の死去です。氏は2000年に英国で同性同士の結婚を果たした同性愛者で、同性愛者の、絶対的とまでは言わないまでも、高い傾向を示す、母親との非常に強い結びつきが有名でした。所謂、俗語としての。としますが、マザコンには様々な形があり、ジョン・レノン型とも言うべき、幼少期に、とても美しかった母を亡くして、そのままマザコンになる形もありますし、ワタシの様に、複数の母親への思慕に引き裂かれたまま、漸近的な、緩やかな母の死へのスロープを見つめながら生きて行く形もありますし、いろいろありますが、故人や、或いは、死んではいませんが、錯乱中のカニエ・ウェスト氏のように、母親とのリアルタイムでの結びつきが非常に強く、母親をビジネスパートナーにしたり、母親をミューズにしたりするタイプのクリエイターが持つ、あけすけな急所のあり方は、常にスリリングであるとしか言い様がありません）

——から、心理的な誘爆、一時的な回復、再びの絶望、そしてとうとう首を吊ってしまうまでの経過が、SNSや報道によって多数の人に共有されてしまいました。どちらも英語で良かった。というのが正直な感想であり、ワタシは「菊地さんは死なないで下さい」などと恐ろしい事を仰る、ご自分の内部に〈天才の自殺。という行為が響いてしまう因子〉を持つであろう方々に対しては、「ワタシも最終的には、あなたと同じ様に、必ず死にますが、ワタシへのご心配は有り難いとはいえ、インターネットによる自我汚染の感染力に対するご心配の方が、いくばくか現実的だと思われますので、ご自分のチェックを優先して下さい」と、当欄を借りて返信させて頂きます。

前述の通り、2年前にワタシは、故人の懐刀である、音楽家のジョン・ゴスリンに、パリのホテル・ムーリスでインタビューを行いました。現在は複数のメゾンを手掛けるものの、長い間、マックィーンの音楽しか担当してこなかった氏の口から出て来るマックィーンの人柄、クリエイターとしての天才性（特に、異様な情熱と執着性）は、ワタシの一方的／部分的な移入など、自分の唇の厚さが平子理沙氏に似ていると思い込む妙齢の女性のそれと変わらない事を、改めて思い知らされるものでした。

ワタシはゴスリンにメールを出そうとし、今、すんでのところで止めた所ですが、テイク10まで製作しても許してもらえなかったまま、ショー開始の10分前まで音楽の直しをさせられながら、いつでもショー本番になると、そんな苦労は消し飛んでしまっていた彼の、深い悲しみに移入するに、かける言葉がないとしか言い様がありません。彼は、ワタシが「もう解ったよ。それはさっき聴いた（笑）」と言っても、非常に真剣なまなざしで「聴いてくれ。アレキサンダーは本当に天才なんだ。天才なんだよ。オレ達の誇りなんだ」と何度でも繰り返しました。

故人の死は、ハイモード界が非常に巧みで複雑な構造を使って、直接的な同化を免れ続けてきた「死」という美の源泉に、脱輪的に直接触れてしまった印象があります。故人は映画でも絵画でも音楽でもなく、文学（物語）に呪われていたとワタシは思っています。ワタシが故人の表現に震える時、それは、かなり純度の高い「物語」をセントラルドグマに、デモーニッシュな召還力で、あらゆる美を統合する、その、異形の君臨の力にです。

そして、そこに決定的に欠けていたのは、生命方向の、ダンスの力であり、歩く事さえままならぬ、強烈なゴシックの力が漲っていました。その事が、モード界の平均値であり、氏の表現の最大値である事を、そのまま象徴していたのです。故人の表現にほんの一部移入したワタシの音楽も、パリのハイモード界も、次の時代に入るでしょう。

初出「PELISSE」２０１０年2月13日

Yuji Konno (1943.10.5 - 2010.8.2)

今野雄二氏死去

フジロックから帰還する車中、関越から首都高に乗り入れ、ランドスケープが一転するあの眩い瞬間から、何とはなしにロキシーミュージックの話になりました。フジロックのパンフには、「最新作」という欄があり、驚くべき事に、ほとんどのアーティストが09年もしくは10年に最新作を出しており「知らね～（笑）。知る由もねえ～（笑）。故にオレの最新作も誰も知らねえ～（笑）」などという軽口を叩く訳ですが、ロキシーミュージックだけは堂々と「最新作〈アヴァロン（82）〉」と書いてあり、この、収録時間僅か40分弱の、あらゆる意味での「揺らぎ」に満ちたデカダンそしてヘルシーな傑作に対し、「最新作、〈アヴァロン〉（笑）。ぐっふ～、濃厚にやっべ～（笑）」等と言って笑う日が来ようとは、さすが21世紀最初の年であるなあと思っていた訳ですけれども、これは当然の流れとして、ワタシのマネージャーが「そういえば今野雄二ってどうしてるんでしょうねえ？」と言いました。

ワタシは「いやコンちゃんはずっと映画評論家で健在よ。試写室で会った事あるよ1回。フジ来てんじゃない？　確かブライアン・フェリーと同い年ぐらいだよね。見ないって事はないでしょ。でもフェスとか来んのかな。だってほら、服が汚れちゃうよね」と、言いました。窓の外の、首都高の夜景を見ながら、ほとんど上の空のままで。

嫌な予感の欠片もありませんでした。桑田佳祐さんがああいう事になり（闘病の果敢なる勝利を願っております。我が国のためにも）、小澤征爾さんがああいう事になり、今年は去年とは違うな。酷暑というが、酷いのはシンプルに温度と雨量だ。と信じ込んでいました。暑すぎて、夏の暑さという快楽さえも奪い去ってしまう暑さ。カミュはまだ牧歌的な時代。夏の暑さが太陽一人にのみ責任を押し付けられる時代の酷暑に『異邦人』を書いたのだなあ。

反射的に「コンちゃん」と呼びましたが、知己がある訳ではありません、今野雄二さんを今野雄二と呼んでは、今ではルパン・ジャズという悲しい名称で記憶されてしまっている大野雄二さんと区別が付かなくなる、コンちゃんはコンちゃんなのである。だってキンキンと巨泉がそう呼んでいるのだから。

ワタシは榎本健一さんはエノケン、植木等さんは植木屋、岡田真澄さんはファンファン、沢田研二さんはジュリー、堺正章さんはマチャアキ、愛川欽也さんはキンキン、田中康夫さんはヤスオちゃん（ヤッシーに非ず）、高柳昌行さんはジョジョ、という可能世界の一つを生きている実感が——特にこんな夏には強く——ありますので、「可能世界や平行宇宙が文芸のテーマになるのは何故？」という質問に「いや、ゲームのマルチエンディングの影響でしょ」と、反射的に述べる人は、善人ではあるが、迂闊には信用出来ないな、と思っています。

現在、YouTubeで「気分を出してもう一度」をプレイしながら書いています。胸が痛い。それは不謹慎なほど、つまり、甘いほどに痛いのです。

「今夜は最高」という、タモリ氏をタモリ氏としてお茶の間に於いて盤石にしたあの番組が、この、たった1枚のシングルをあらゆるイメージの原形とした換骨奪胎、もしくはいくばくかのジャズ・レコンキスタ、そして見立てによっては強烈な劣化コピーであり、が故に、この素晴らしいシングル、ふるふると「揺らぐ」音程、腹筋がないんじゃないか？　と思われるほどの独特の「弱度」を見せるヴォーカルの中に、コンちゃんと加藤和彦氏の濃密なダブルイメージ（この楽曲は言うまでもなく、氏の筆によるものです。因みに、ワタシの記憶が確かなら、今野氏、加藤氏、タモリ氏、ブライアン・フェリー氏は、ほぼほぼ同学年程の年齢差です）とともに収められている「和製AOR」という可能世界を、お茶の間から消し去られるようにして、遠ざけてしまった。という事実を、複数の宇宙に遍在するあらゆるワタシの立場から同時に嚙み締めながら、今夜は、今野雄二氏のご冥福をお祈りします。

ワタシは今からこのシングルを持ってバーに行き、シャンパンを飲みますので、当欄をお読みの総ての方も、ブライアン・フェリー氏も含め、皆さんそうなさって下さい。現在我が国に、如何に「揺らぎ」が足りないかご理解頂けるでしょう。揺らぎのない世界とは、ミラーボールではなくバリライトだけの世界なのです。

初出「PELISSE」２０１０年８月３日

Kei Tani (1932.2.22 - 2010.9.11)

谷啓死す

青島幸男さんの葬儀で、谷さんがあの〈今からギャグを言うぞ、という助走の時に見せる、わざと作った深刻な表情〉をして遺影に向かった時、ワタシと同じ、クレージーのギャグで育った世代の誰もが「まさか。葬式で。いくのか谷！」と思ったに違いありません。

果たしてそれはその通りで、谷さんは、開口一番

「青ちゃん、谷だあ」

と仰いました。

視界が涙に沈み、手の甲にポツリポツリと温かい液体が落ちるのが解りました。

これが、ジャズ発のショービジネスに殉ずる男達の最後の挨拶なのだ。良く聞いて憶えておかなければ。一生憶えておかなければ。とワタシは大仰なまでに心に刻みました。

平岡正明先生が、生前良く仰っていたエピソードにこういうものがあります。

ガンで瀕死の床にいたサミー・デイヴィス・ジュニアに、友人であったマイルス・デイヴィスが見舞いに来た時、開口一番「何だサミーおまえ、こんなにちいせえ顔になっちまって」と、思わずあの声でシリアスに言った。あのマイルスがそんな事を言ったので、体中からチューブが出ていたサミー・デイヴィス・ジュニアが思わず笑った。「だからサミー・デイヴィス・ジュニアは笑って死ねた」のだと。

ギャグだったんでしょうかねえ？　と平岡先生に訊くと「いや、コントだろ。それはクレージーキャッツのコントだよ。いやっはははははははあ」と仰いました。

同じ「デイヴィス・ジュニア」同士のこのエピソードを、ワタシは愛して止みません。平岡先生がお亡くなりになった際、ワタシはコントどころか、気の利いたジョーク一つ言えず、先生のユーレイが、武田さんのそれと並んで、虹となって日比谷野音にいらっしゃった時にゲラゲラ笑うばかりでした。まだまだ修行が足りません。

本日、ハナ肇とクレージーキャッツのトロンボーン奏者、谷啓さんがご自宅で亡くなられました。「谷啓死す。ガチョーン」という新聞の見出しが数多いですが、ワタシはこれを、谷流のギャグのリズムで「ガチョン死」と呼ぶべきであると思います。階段から落ちた。という事ですが、日劇以来の習慣で、コケる練習をしていたに違いないからです。ワタシの全存在を賭け、心よりご冥福をお祈り申し上げます。ワタシどもの使命は、クレージーキャッツが消えて行く世界に於いて、ジャズの総ての威力を、世間に知らしめる事なのです。

初出「PELISSE」2010年9月11日

Captain Beefheart (1941.1.15 - 2010.12.17)

キャプテン・ビーフハート死去

音楽は彫刻だと喝破した、我々のキャプテンが亡くなりました。ブルーズの神がキャプテンに与えた、拷問の様な難病（「常に全身に激痛を伴う」その奇病は、治ったり、再発したりの繰り返しを、おそらく、40年以上に亘っていたと思われます）、そして、彼が我々に与えた、拷問の様な音楽に、懐かしく、ささやかな、そしてささくれだった深い愛を表明します。キャプテンがその名を世界に轟かせる鱒の名盤の前、キャプテンと彼のマジックバンドのLPデビュー作である『牛乳の様な安全』より、ワタシの拙い訳など必要としない、シンプルな英語で歌われる「嬉しいよ」をご紹介する事で、追悼とさせて頂きます。これを聴きながらウイスキーを舐める無限とも思える28時の中で、今夜は最も美しく痛ましい今夜でしょう。

〈I,m glad〉

(so sad baby so glad girl)
When you first came round I was sad
My head hung down I felt really bad
Now I'm glad, glad about the good times oh

that we've had
(so sad baby so
Walked in the park
sad baby)
kissed in the dark
(so
leaves burned just like,
glad girl)
just like a spark
Now I'm glad, glad about the good times woo

that we've had
(so sad baby)

You went away
I cried night and day
for what you done
I had to pay
Left me so blue
I don't know where to go or or or or
what to do
please come back and let the
sun shine through

(so
Sun passed behind a cloud
sad baby)
I felt so proud
(so

We walk down the street
glad girl)
people smile that we meet
You know I'm glad, glad about the good times oh

that we've had
(so sad baby
You said I was the best man you've
so
ever ever had on
glad girl)
yeah I'm so so glad
(so
I'm so glad
sad baby)

oh so so glad

初出「PELISSE」２０１０年12月21日

第Ⅱ章

Mar 2011 - Apr 2011

Virtuose
du Requiem

震災前夜から
エリザベス・テイラー
追悼公演までの一ヶ月（前編）

HOT HOUSE 前夜（2011年3月11日）

03/12
NARUYOSHI KIKUCHI PRESENT'S
「HOT HOUSE」

来る3月12日土曜。チャーリー・パーカーの56回忌に青山CAYで開催される、ビーバップのDJ&生バンドで踊る強烈でエレガンスなダンスパーティー。乙でスインギーなカップルダンサーも、腕に自慢のソロダンサーも、高みの見物お洒落さんもウェルカムです。オーガナイザーは菊地成孔、最高顧問に瀬川昌久、ステップレッスンとリンディホップのイギジビジョンはアモーレ&ルル、バンドは超豪華ジャズメン達、そして司会はMC大谷と菊地のコンビ。このパーティーに関するトータルガイドはコチラ（当欄過去ログ。YouTubeにてのPV付き。現在は過去ログのリンク切れ）。
http://kikuchinaruyoshi.com/dernieres.php?n=110227205509
＊「PVを見てもステップが憶えられません！」という方々は焦らず何度も何度も見て下さい！
だんだんと出来るようになるからマジで!!

＊

チェックワントゥー！　フラッテッド・フィーフス!!
トゥーファーイヴ!!　トゥーファーイヴ!!〔追記1〕
という訳でいよいよパーティーまで24時間を割ったけれども、血に飢えたそして最高にエレガントなパーティーピープル諸君、準備は如何かな？　MCキクチは3キロ落としたぞ。MCヨシオ・Oのヤバすぎるラッパーデビュー〔追記2〕&エラく素早い動きにヤラれないようになっっ!!
え？「MCヨシオ・OなのかMCオータニーなのかイマイチはっきりしないんですけどOK？」だって？　トゥーファーイヴ!!　とても良い質問だ。関係者全員、誰も正しい答えを知らない質問だがな!!　まあパーティー当日には正式名称を発表して貰おう。何れにせよ名前なんかなんだってマイメンが物凄げえ事に変わりはない是!!　横向いた時のおしゃまな表情なんて天気予報に出てくるソラジロウに黒メガネかけたとしか思えないほどソックリ!!!　正しい答えなんかこの世にねーんだユー能?!!　チェックワントゥー!!　フラッテッド・フィーフス!!

まだ悩んでいる貧血姫には、一言いわせて貰おう。プリンセス。あんたが行こうかどうか迷ってるのは中間テストや気持ち悪い王子様とのお見合いじゃねえ。バードの追悼式典そして舞踏会なんですよー!!!　トゥーファーイヴ!!　って事だユー脳??　なななななに知らない殿方と手が繋げない妥当??　全然妥当じゃないそれは!!　そんなイカれた潔癖症はMCヨシオ・Oの、ウィリアム・シェイクスピアもかくやという文学的なライミングがクソ下らねえトラウマごと奇麗さっぱり洗い流してくれるだろうトゥーファーイヴ!!　と申し上げ候。バードが何でバードと呼ばれるようになったか教えてやろう。全然ビーバップが流行んなくて「チキンシャック」というレストランで働いていた時、従業員のまかないがグリルチキンの食い放題でな、それを「信じられないほど山ほど喰っちまった」からだ!!　どひゃー!!!

ソロダンサー諸氏とカップルダンサー諸氏は、リスペクトと互いの発展を旨とし、フロアのセンターをピースフルかつビューティフルそしてワンダフルにシャッフルして貰いたい。我々は一人残らず、ジャズダンスという小さくそして随分と粋で派手な方舟に乗った、腹ペコでゴージャスなオールスターズだ。リズムは神の言葉である。リズムはまだ知られ切っていない。リズムは既に知られ切っている。エレガンスもまた神の言葉である。オーディエンスそしてウィットネスそしてバンドメンバー達に全身でその真理を伝道しよう!! セイ咆―――!!!

リアルバッパーズ・フロム東京のメンバー達、東京リアルジャズシーンのエリート共は腕によりをかけてフレーズを準備している。一音残らず磨き上げられたビーバップの言葉だ。フレーズを紡げば紡ぐほどに彼等は知るだろう。踊りながら演奏を楽しまれる事のグロリアスな歓びを。なんせ座っちゃってんだぞビーバップの客は!! こっちもちょっとは悪いんだがな!! セイ吠咆放―――!!!

ではフロアで会おう。但しチキンは食い過ぎないようにな!! チェックワントゥー!! フラッテッド・フィーフス!! トゥーファーイヴ! トゥーファーイヴ!!

HOT HOUSE !!!!（2011年3月11日）

チェックワントゥー!! フラッテッドうおおおお揺れたートゥーファーイヴ! トゥーファーイヴ!! MCキクチだ。細長いマンションの9階と11階に住んでるからな。完全に部屋が倒壊したが（笑）ラッパーそしてジャズメンは悪運が強えんだろう、左足の親指の先に砂粒みてえなガラスの破片が刺さった以外は全く無傷だぜ。ボルドーの赤のコレクション（120万相当）は一本残らず奇麗に割れたけどどな。部屋がとても良い香りだトゥーファーイヴ!!!

どうやらこの国に、否、人類全体にツケが回って来たようだ。ツケは仕方がねえ。ツケを払わずに帰ろうとする奴等はヤラれるに決まってる。同じサイドに座った連中全員で払うんだ。被災された方々は言うまでもなく、メディアを通じてトラウマを負った人々も含めた、つまり傷を負った全員に告ぐ。クールに、そしてワイルドにワイルドにあれ。そしてラヴだ。ラヴを真ん中に灯せ。

明日はダンスパーティーどこじゃねえ。中止だ中止。という緊急会議がもたれたが、我々は決行する。マイメンMCヨシオ・Oの言葉を紹介しよう。「こういう時。だからやるんだよ!!」勿論、帝都の都市機能が麻痺していたらやりたくても無理だけどね。そういった場合は、総ての人々の幸運を祈るが、そうじゃない限りパーティーはウォークするぜ。我々がスイングの仕方を教えてやろう。チェックワントゥー!!　フラッテッドうおっとまた揺れた――。トゥーファーイヴ！トゥーファーイヴ!!

HOT HOUSE は延期します（2011年3月12日）

大変残念な事に、パーティーが中止を余儀なくされました。予定通りスケジュールが運行すれば、現在バンドのリハーサル中ですから、リハーサル中に福島の原発事故を知り、被曝が広がる中、パーティーに突入したという事になります。ビーバップは第二次大戦の兵役拒否者による音楽です。返す返すも中止を残念に思いますが、チャーリー・パーカーの56回忌に黙禱を捧げつつ〔追記3〕、我が国の行方を見つつ、仲間と飲みに行こうと思います。

先日も書いた通り、ツケはみんなで払いましょう。そして、払った後に、我が国はまたしても復興という大テーマに立ち向かう事になります。ワタシの親族は、愚兄以外は一人残らず太平洋戦争を経験した。宴会があると、全員が必ず戦争の話をするのです。そして彼等は、全員復興に加担した人々でした。そして、そのBGMがジャズミュージックだった事はどなたもご存知でしょう。先日グラミー賞を獲得した上原ひろみさんのお言葉を引用させて頂きます。「私は、一日の内、その一時間半（演奏している時間）のために生きているんです」ワタシは今後、どうやって円滑な演奏活動が行えるか、「その一時間半」を、どうやって作るかについて、楽しみに考えあぐねております。

この日記を書いている中、何度となく繰り返した言葉に「不謹慎を承知で」というものがありますが、その最大の物を、あらゆる年齢の、あらゆる性別の、あらゆる国籍の、あらゆる人格の人々に向け、今から書かせて頂きます。本日より、我が国が、被災によって亡くなった皆様を除き、全員が凄絶なサヴァイヴに向かう事、更には、亡くなった方々の中に、ワタシの音楽や書籍の愛好家の方がいらっしゃった可能性とてゼロではない。という事実を前提に申し上げますので、抗議がある方は、お手数ですがメールにてお送り頂くか、路上にて直接仰って下さい。

ワタシは、この未曾有の災禍により、我が国も、そして地球も、昨日まではより良くなるとしか思えません。

愛を灯しましょう。身体の中心に。今こそ、ずっと茫漠たる、正体の解らない存在だった、愛というものの実体を、実感を持って確実に触れ、抱くチャンスです。全然無理ー、みんな死ねー、といった方は、黙して深呼吸と共に伸びをしてからトライして下さい。誰を愛し、誰に愛されているか良く分らなかった人々へ。罪深く悩める愚かなワタシは、過去47年の人生で、精神的な被災や破滅寸前の危機、体重が30キロ代に落ちる難病という状況に陥り、その都度に、愛に、ほんの僅かながら、触れてきました。

落ち着いて行動し、何より楽しみましょう。どんな状況にも、笑える事は必ず転がっています。たった今、この文章に些かジョークが足りない事に気がつきましたので慌ててつけくわえますが、岡本太郎とアニマル浜口は同一人物ですし、田口トモロヲさんとピーコさんも同一人物ですし、昨夜「ガスト」で食事をしていたら、「ダブルステーキ、セットも付け合わせ何もなしで」という女性がおり、うおおおこれが肉食女子。と思っておりましたら、しばらくして食べ終わり、追加で「プレミアムハンバーグ。ライスも付け合わせなしで」と注文したので、あまりの事に30年振りほどでナンパしてしまおうと思ったほどでした（きっかけは当然「ねえ、君、ひょっとして肉食女子？」です）。

何れにせよあなたが持っている絶望のイメージは、もしジャズを愛していない場合、間違っている可能性がありますので、可能な限り、ワタシのでもワタシのでもなくても結構ですので、ジャズミュージックを聴いて下さい。それではより良い帝都、より良い日本、より良い世界を。今回ばかりは通常時より3％ほど増しで、ほんの些か力を込め、解説が終わった瞬間の映画解説者の様な笑顔で申し上げます。皆様、ごきげんよう。

＊4月よりラジオのレギュラー番組を持つ事となりました（1時間。AM）。何を喋っても、何をプレイしても良い番組ですので、まあ、いつもの調子で音楽と言葉をお届けしようと思います。お暇な方に於かれましてはお楽しみに（節電時間帯に毎回ひっかかって、結局一回もオンエアされなかったりして・笑。その場合は録音して街宣車に積み、東京中を流して周り、逮捕されたいと思います↓パードン木村さんと）〔追記4〕

仕事に行ってきます＆『花と水』も中止（2011年3月14日）

本日よりしばらく、亡くなった方への追悼とともに不謹慎な事しか書きませんのでご了承下さい。あのクソファックで出来が悪く、図体ばかりでかい、福島だんご3兄弟の次男坊（所謂「第二」の事。当時は言わずもがなだったが、念のため）が水から上がって熱いチンポコが丸出しになっただの、やっぱ落ち着くために海に腰まで浸かっただの、「東京フレンドパーク」なみのクソ下らないてんやわんや（親の顔が見てみたい。という日本語がありますが、奴等の誰が親なのか、いろんなのが出てきすぎて全く判りません。また、「東京フレンドパーク」がクソ下らないと言っているのではありません。物凄く素晴らしい訳でもないけれども）。そもそも政府がここまで慌てふためいているのを見るというのはすげえなと思う訳ですが、今からワタシ、ペン大（私塾）の授業に行きます（笑・誰も来ないかも知れないけれども）。そして、一番ヤベえのは半島や大陸の人だと思いました。写真（ウェブ初出時は写真あり）は、ついさっき撮影した、「日本に観光に来て楽しそうに歌舞伎町の写真を撮っている中国人旅行者」です!! 頑張れ東電と消防庁と自衛隊と政府!! 今メルトダウンを止めたら、映画だったら大変なヒーローになれるぞ!! 残念ながら映画じゃないんで、どんなに頑張っても後で待ってるのは大変な悪役になる事だと思うけど!!

（6時間経過）

と、今、授業を終え（7人だけ生徒が来ました）、ブリッコラで食事をして帰ってきました。本当は明治大正の文人墨客よろしく、百貨店の大食堂で五目中華そばだの、鰻重とかが喰いたい訳ですがままならず。

奇跡により、腹は満たされたものの、ワタシは今本当に辛い。人生にここまで辛い事があるのか、父を亡くし、生みの母が認知症になり、重い神経症もやり、奇病指定の熱病で生死の境を彷徨い、世界中で命からがらの修羅場をくぐり、虚無や無意味とも激烈な死闘を演じ、精神分析治療を受け、愛する人々との、世界が変わってしまうかと思われるほどの別れを繰り返し、それでもまだこんなに辛い事があるのかと思うほどです。

それは、我が国がこんな惨状であるから。ではない。被災され、粉ミルクさえままならぬ避難民の方々がいるというのに、自分が極上のアルトアルジェ地方の料理とトスカーナのワインを飲んでいるという罪悪感。でもない。それは演奏が、ワタシそして共演者の意思を超え、中止せざるを得なくなった事です。

先ほど、マネージャーから『花と水』の公演も中止になった事を聞きまして、無力感で地面に突っ伏し、拳骨が骨折でバラバラになってしまうほど地面を叩いてしまいそうです。

しかもこれは、誰々が悪いとかいう話ではない。公演主催者の◎×△さんからのメールを無断で掲示します。

〈菊地さんへ

このたびは、こんな結果になってしまい、誠に申し訳なく思っています。

本当はこんなときにこそ我々はやらなくてはならないと思いますし、今こそ音楽がアートが必要な時だと思います。

（中略→この部分、掲示出来ないが、かなりシリアス）

しばらくは18時までの営業で行くようです（通常20時30分までやっているのですが）。

今回は中止ですが、来年度落ち着いた時点で、絶対リベンジ公演させてください。

私はなんとしてもラフォーレでもう一度トライしたいと思っています。

大変悔しい思いでやりきれない気持ちでいっぱいです。

力及ばず誠に申し訳ございませんでした。

菊地さんとは数年前、韓国行きの話をさせていただき、実現しなかったので、今度こそはと思っていました。

また、流れてしまいましたが、どうかこれに懲りず今後ともおつきあいください。

◎×△◇

ワタシのような、育ちも悪く、素行もよろしくなく、社会的に立派な地位もなく、否、そもそも社会人としてロクな事もしておらず、学歴も立派な家柄も何もないバカに出来る事は、演奏だけです。演奏だけなのです。

こうして辛うじてキーパンチしておりますが、ワタシは今、気が狂わんほどです。ワタシに演奏をさせて欲しい。ワタシに演奏をさせて欲しい。ワタシに演奏をさせて欲しい。再び、ワタシに演奏をさせて欲しい。

そこには発生する時間と、鎮魂とユーモアと、生きる実感と、直接的な性行為を超えたセクシャルな効用と、あらゆる概念の群発と収束、全方向的な治癒と啓発が、当たり前に含まれた、ワタシが共演者とともに出来る、唯一の奇跡であり、平均的な社会正義であり、何よりもいち社会人としての、ワタシの平均装備の労働であり、祈りであるからです。

HOT HOUSEと『花と水』は命を賭しても必ずリベンジします〔追記5〕。今は、DCPRGの富山と新宿の行方がどうなっているか見守っています。古来、賢者は、知らぬが仏だの、秘すれば花だのと言ってきました。確かに、テレビともインターネットとも繋がらずに街を歩けば、そこはやや照明が暗いだけの、つまりはワタシの幼少期の千葉県銚子市の歓楽街にも似た、懐かしい風景があるだけです。我々、罪深くも愛すべき、人類の属性としての、リアルの二元性というものは、まさにこういう事だよなあ。と思うばかりです。情報とは情けを報じると書くけれども、過分な情、過分な報じという事は考えられたか福澤諭吉先生。

もし富山の演奏が決行になった場合、ワタシは遺憾ながら、冷静でいられる自信がありません。溜まりに溜まった中学生のように、痴漢でも何でもしてやれといった、随分と昭和ヤングなモチベーションで富山入りするでしょう。本日も同じ事を繰り返します。愛を灯しましょう。それはちょうど、心身の真ん中にです。そして愛というのは、何やらステキで温かい事ではない。自分の命への妄執をチャラにするという事です。亡くなった方々の声なき遺言に耳を傾けましょう。そしてそれは、今に始まった事ではない。ただ忘れられているだけなのです。我々は歴史と軽々しく口にする。しかしそれは、声なき遺言と冗談の集積なのです。ごきげんよう。

〈追記〉

DCPRGの富山が決行される事を、ただいま確認しました。

DCPRG富山へ（2011年3月16日）

これから必ず、書く前に亡くなった方々に黙禱を捧げてから書き始める事にします。マネージャー長沼の2歳のガキが「エーシー」という口癖をつけてしまったそうですが、それはともかく、昨日の日記を読み、演奏のお誘いをいくつか頂きまして有り難い限り。しかしながら総てお断りさせて頂きました。

一つ残らずチャリティーコンサートだったからです。以後、同様オファーが重なる事も予想されますので予め明言させて頂きますが、ワタシは個人的な指針としましてチャリティーコンサートには出演しません（知己ある音楽家へのベネフィットコンサートには出ますが）のでご了承下さい。

理由は、チャリティーコンサートというものが、どういう構造なのか良く解らないからです。

お金の流れが不透明。とか、善意に見せかけた売名行為というものが存在し得る。とか、そういった高度で複雑なレヴェルの疑問ではなく、そもそも演奏（労働）して頂戴したお金を寄付する。という回りくどい事を、わざわざする意味がどこにあるのか理由が全く解らないからです。義援金と言わず支援と言わず、苦しんでいる誰かに寄付したくば、自分のポケットマネーから直接、好きな時に好きなだけすればよろしい。

こういう時、多くの方が「こんな時、○○○として何が出来るのか考えています」と仰りがちになり、まあ、解らないでもないとはいえ、腰が抜けるほど驚くべき事には「○○○」の中に「音楽家」が代入される、つまり、「こんな時、音楽家として何が出来るのか考えています」という方がいらっしゃり、本当に椅子から落ち、「記憶喪失症を急発したのかこの人は……」と呟きながら額の汗を手の甲で拭うほど驚く訳です。音楽家は、音楽家として、こんな時であれどんな時であれ、何が出来るかと言えば音楽が出来るし、音楽しか出来ないのではないか？　え？　違うの？　としか考えられぬワタシは、不謹慎のみならず、自分の想定以上に遥かなバカなのかも知れません。

バカだけではありません。ヘタクソの後手後手野郎でもあるようです。ワタシは、とりあえず1年間の自分の生活費だけ残して、個人口座内の残り総てを寄付すべく、1年間で一体いくら使うのか試算を繰り返したのですが、全く答えが出ず、気がつくとAKBさんとユニクロさんが、ワタシの年収の半分ほども寄付されているので、「いやーやられたな。後手後手に回った」と、電卓を床に叩きつけて悔やんでいると、ジャパネットたかたさんが非常にスマートかつ真摯な義援の方法を考え、迅速に実践されていたので、本当に本当に感動しました。あの方は善良で素晴らしい社会正義感を持った軽い狂人、つまり最高の人物だと思いますが、やはり善良で素晴らしい社会正義感を持った軽い狂人、つまり最高の人物というのは、我々凡人には及びもつかぬ発想力と実践力があるのだなあとテレビに釘付けになってしまいました（不覚ながらやや落涙）。

さきほど、後手後手野郎である事を嘆いたばかりの口で言いますが、音楽が出来るという訳で、例えば阪神大震災の時に、素早く被災地に行き、アンプラグドで演奏した。といった音楽家がいくらかおり、これはこれでなかなかステキな事でしょうけれども、ワタシの考えでは、これは音楽の即効性と直接性に対する高い信頼であると同時に、懐疑である。つまり、アンビバレンツな行為だと解釈しています。

即ち、「その時、その場で、その人に演奏する」という事と、「違う時、違う場で、違う人に演奏する」という事を分割しているという事で、前者を信頼するという事は、後者を信頼しないという事になりかねないのみならず、信頼している態で、前者自身も懐疑している事になりかねない。

友人がたった今、失恋し、池尻大橋のマンションで落ち込んでいるとする。すぐさまタクシーでそこに行ってハンディのキーボードを弾いて歌を歌う。ユー・ドンノー・ワット・ラヴ・イズ。これはなかなかステキですが、そのステキさを一面的に尊いとした場合、「その時、その場で、その人の前で演奏しなかった音楽（特に、同じ曲だったりした場合）」の尊さを些かながら無化する可能性を感じます。音楽だけではない。「今、この場で、君に言うよ」というのは歌謡曲のクリシェですが、眼前で津波に飲まれている人にかける言葉はない。祈りというのは、そもそもそうして生まれた筈です。いつか、違う場所で、君にも、君以外にも、言い続けるよ。

音楽にはとてつもない遅効性の力もありますし（ワタシは、チャーリー・パーカーが本当に効くまで20年ほどかかりました）、何よりも遍在性があります。遍在性はユビキタスと言いますので検索して頂ければご理解頂けると思いますが、ワタシは（テレビのみですが）報道される情報の総体から遍在性を強く感じます。

愛する家族と手を繋いで逃げたのに、自分だけが助かってしまった老人も、何千もの水死体であり礫死体であるような肉と骨の山を目撃してしまった幼児も、一瞬で粉微塵になってしまった人も、何日ももがき苦しんで死んだ人も、良く出来たカフェオウレを飲んで溜息をついていた人も、角ハイボールの18杯目でゲラゲラ笑いながら飲んでいた人も、総てが遍在であり、つまりはワタシの一部であり、誰かの一部であり、全体を構成しているのだという感覚。自殺しようと首に縄をかけた瞬間に地面が割れた人もいる筈です。とうとう告白し、震える唇が重なり、狂うかというほどの多幸感を感じた瞬間に奈落に落ちた人もいる筈です。人を刺そうとして包丁を構えた瞬間に壁が倒れて来た人もいる筈です。刺し終えて、殺人を犯した瞬間に海面がせり上がって来た人もいる筈です。殺人を犯し、何十年も逃亡し、生きた心地がしない毎日の中のある日、大地が波打ち始めた人もいる筈です。バチカンに祈りを飛ばした人、発狂した人、あらゆる総てを持ちこたえた人、総てが遍在です。そうでないと、どうしてあの人は助かったのにオレは助からなかったのか？　或いはその逆。という問いに対する答えが、運命論だけに収斂されてしまう。運命は別個に存在しますが、遍在性とは全く次元が異なります。

音楽は遍在性を強く示す営みで、時空を超えるという属性を持ちます。母親の鼻歌交じりの子守唄は、その時のその子にだけ届いているのではない。1974年のハードロックは、レコードによる再生などとは別に、当時のワタシではないワタシに届いています。今すぐ机を叩き、口笛をお吹きになるが良い。適当にデタラメにではないですよ。ご自分が思う「音楽」になっている事が前提ですが、そこに誰もいなくとも、もしそれが音楽なら、音楽は遍在性と共に、飛行に似た運動を起こします。即ち無人島に咲く花の美は実存する。

この実感を、ワタシはほとんど音楽だけから得たので、非常に教養のあり方が偏っていると思っていますし、この実感を巡るやりとりの中で、物語という概念が生まれ、調性という概念が生まれたと思っています（これは追記ですが、ヤスパース、並びにドイツ式の現象学、亜種現象学、ユビキタス概念等々に批判的な方々から、驚くべき程多数の反論を頂戴しましたが、ワタシのこの、音楽のみから得られる実感から見れば、ヤスパースなど紙っぺらを綴じたものです。「学問など非常時に役に立つもんか」などと言っているのではない。単純にどれもちゃんと読んだ事がないだけの事です。ですので全員に同じ解答を送りました。哲学ばっかりやってないで音楽を聴け、ブッキッシュのネクラ野郎と。と、追記の追記ですが・笑、「だったらブログなど書かずに音楽だけやってろ」と反論されたので、文筆家と学者以外全員のブログを止めさせてから言いやがれ。ってかおまえ賢者ぶってるけど単に哲学オタクのバカだろ。頑張れよマジで。と返しました・笑）。これらはどちらも内部に、遍在性の否定もしくは未知を抱え込んでいます。本日もまた不謹慎を承知で書きますが、現在のテレビ中継、そして中継されている惨状の連鎖は、終末モノと呼ばれる、CGを駆使した、ハイバジェットなハリウッド映画のようだ。これは強い物語性、つまり遍在性の拒否であり、音楽それ自体と根本的に対立し得る物です。

明後日我々は、DCPRGという音楽を行う運動体として、富山県に向かいます。悲劇と喜劇を内包し、奇数拍子と偶数拍子、あらゆる時間速度を遍在させる世界に実在としてのグルーヴを生み出し、〈暴れ者のサル〉達をなだめるために。たった今ワタシは音楽を演奏しておりませんので、局在的存在である文章を綴らせて頂く事にします。総ての被災者の皆さん。総ての被災者を内在する皆さん。愛しています。一人一人を直接抱きしめ、ほおずりし、癒やし、施そうなどというのではない。そういうのは藤原紀香さんとかアンジェリーナ・ジョリーさんとか、おっぱいのでっかい方にお任せします。ワタシが愛していますというのは、死んでも演奏をするのだという事です。無論、特攻ではない。タイタニックに近い。音楽家なら解る筈です。ステージ上でワタシが背を向けているのは、射殺されても構わないという事です。いつもの通り音楽を贈ります。ですから頑張って下さい。枝野官房長官と九大の原発の先生は少し休んで下さい。

初出「PELISSE」２０１１年3月11日〜3月16日

〔追記1〕「ビーバップはダンスミュージックとしてのジャズを殺した」とされる、今でも根強い史観に杭を打つために開始された、「チャーリー・パーカーのビーバップナンバーの生演奏で、リンディヒップのカップルダンスを踊る」パーティー、「HOT HOUSE」は、前年の9月にテストランを行って大成功を収め、パーティー案内のPVや、ダンスレッスンのPVまで制作されていた。菊地と大谷能生はコメディアン兼MCとして、このPVで初めて、ラップを録音した。「チェックワンツー」以下の決め台詞は、このコメディアンチームがパーティー中に連呼するもので、ビーバッパーとヒップホップのラッパーの融合をイメージしている。これが後のジャズ・ドミュニスターズの原型となる。この時の動画は、現在でも総て観る事が出来る。

〔追記2〕既に現在の「MC YOSI＊O」のキャラクターが出揃っている。ジャズ・ドミュニスターズ『ドミュニストの誕生』まで「ドミューン」を経て、2年間かかっている。

〔追記3〕3月12日はチャーリー・パーカーの命日。日記の日付をご確認頂ければお分かりの通り、我々は当日の朝までパーティーの決行を志していたが、毎秒報道される状況の悪化に伴い、ぎりぎりまで粘った結果、やむを得ず中止を決定、アナウンスした。震災を挟んだこの2日間に起こった事だけを時系列に沿って記すだけでも1冊の本に充分なり得るだろう。

〔追記4〕この段階では名前すら決まっていなかった、「計画停電でオンエアが正常運行しないかも知れない」と言われていたのが、後の「菊地成孔の粋な夜電波」である。

〔追記5〕「HOT HOUSE」はこうして、ある意味ドラマティックなスタートを切り、その後の5年間ですっかり定着し、現在も継続している。『花と水』のラフォーレ公演も約1年後に開催。

震災前夜から
エリザベス・テイラー
追悼公演までの一ヶ月（後編）

エリザベス・テイラー追悼公演決定（2011年3月26日）

ワタシのリズが亡くなりました。そもそもこの震災での、帝都に於ける最初の被害者が、九段会館の天井落ちによって出た段階で、一種の予感めいた物はあったのですが〔追記1〕。『闘争のエチカ』下巻をお買い求めの皆様にはご了解頂けていると思いますが、ワタシがエリザベス・テイラーを00年代後半のミューズにしたあらゆる根拠は、基本的には未だに解りません。ワタシを理論派だとか策士だとか勘違いしている人々は数知れず、しかしまあ、それも身から出た錆ではあり、誤解されても仕方ないよなあ、とは思います。しかし、ご贔屓筋の皆様にはご存知の通り、ワタシは直感と天啓にしか動かされない人間です。

我が国のテレビが、コマーシャルを自粛し、メルトダウンだシーベルトだといった放射能に関するニュースだけがウォール街の買い付けの様に怒号と共に飛び交う中、突然伝えられた彼女の訃報を、ワタシは一生忘れないでしょう。「え？　え？　え？　ええ？」「え、ちょっと今の」しばらくワタシは、人生でも何番目かの現実の剝離感覚に見舞われ、うん。そうか。うん。うん。と、だんだん現実が戻ってきました、まさか、この最中に。

先ずワタシは天国にいるマイケルと気持ちを分かち合いました。マイケルの数少ない親友。どんな事があっても、絶対に信じてくれた人。彼は泣きべそ顔で彼女をハグしたことでしょう。彼女の、美しいが故の受難の人生は、ワタシの憧れでもあり、強いタブーでもありました。今このタイミングで彼女が亡くなった事を、毎度おなじみ不謹慎を承知で申し上げれば、ワタシは嬉しくさえ思っています。あらゆる多形的なミューズ。それをこんな時に失うなんて。彼女は、核兵器の脅威に脅かされた世代です（核兵器なんかよりも、エイズの方がずっと恐かったと思いますが）。心より、心よりご冥福をお祈り申し上げます。ワタシの母、ワタシの女、ワタシ自身、『南米のエリザベス・テイラー』以後は、ワタシの女神で、守護神。

こういう時こそ、急遽。という言葉が最も似つかわしいと思いますが、来る4月6日に、ブルーノート東京で、エリザベス・テイラー追悼コンサートとして、ペペ・トルメント・アスカラールで出演する事が決まりました。一応、情報めいた書き方をしておきましょう。

2011年4月6日（水）

〈菊地成孔とペペ・トルメント・アスカラールによる、エリザベス・テイラー追悼コンサート〉
於ブルーノート東京

＊この公演は、義援コンサートではありません。詳細はブルーノート東京もしくはEWEに直接どうぞ

と先日、コンサートキャンセル派の青柳氏をディスったばかりですが〔追記2〕、現在、外国人タレントが日本への来日をキャンセルしまくっており（そもそも、成田空港に降りたくない様です）、ニーヨとシンディ・ローパーの偉大さが見つめ直されている状態ですが、外タレを中心にブックしているブルーノート東京さんが非常に困っており、年間契約を結んだ唯一の邦人アーティストとして、微力ながら尽力させて頂こうと思っていた所のリズ訃報で、急遽追悼コンサートになったという訳です。

本日決定したばかりですので、公演情報に関してはなるべく急ぎながらも後日。という事になりますが、何れにせよ、ペペ・トルメント・アスカラールがリズ追悼の演奏を行います。この公

演によって、ワタシの00年代は、おそらく完璧に幕を下ろす事になるでしょう。どうか、リズを愛する皆様、ペペを愛する皆様、ブルーノートを愛する皆様、こうした状況下でこそ、ドレスアップしてワインやカクテルを飲み、共に過ごしましょう。エリザベス・テイラーは、誰の心の中にもいます。世界で一番大きなダイヤを持つ、世界で一番可哀想な女性として〔追記3〕。

追悼ライブ／ボランティア／戦時（2011年3月31日）

〈東京武道館（日本武道館にあらず）と赤坂プリンスホテルが被災された方々を収容している〉と聞き、着なくなった服だ、貯蔵している頂き物の菓子だワインだ（これ、非常に微妙な所ですが、一杯やるのが大好きな東北のお父様や、アルコール依存気味のお母様などもいらっしゃるでしょうし）、ドン・キホーテで大量に買い付けたパンツだ紙オムツだと山ほど抱えて（下着が不足しているそうなので）、愛車であるタクシーに積載して駆けつけ、多少の心得がある整体や、ヒモ時代に習得したマッサージ、板前だった父親譲りの炊き出し、豚汁作り、三段重ねの花見弁当を30セットぐらい作って花見にアテンド、介護施設にいる母親やそのお仲間相手に鍛えたご老人との楽しいお喋り等々、自慢のスキルを生かしたボランティア活動をしたくてたまらないのですが、風邪を引いたまま（病弱な方からの、病的なまでに過度なご心配をおかけしてしまったようで申し訳ありません。熱も下がっておりますし、近所にはかかりつけの小林先生もいるので大丈夫です。気が狂ったように「大丈夫ですか？　大丈夫ですか？　本当に大丈夫ですか？」と仰る方へ。

（ワタシは大丈夫ですから、先ずはアナタが大丈夫になって下さい・笑）相変わらず仕事をしまくっておりまして、やっと解放される頃には、被災者の方々はすっかり就寝時間という有様。

育ちも年齢も職業も、あらゆるＩＤと関係なく匿名で行われるボランティア活動は、さっと自転車で行ける範囲である限り市民の努めであります。我が田中康夫ちゃんも阪神淡路の時には大いにやりまくっておられましたし、「憂鬱と官能を教えた学校ＴＶ」の坂田級長など、現在総ての仕事をなげうって、東北でボランティア活動中だったりなんかして（坂田くん。校長として心からのエールと敬意を送るよ。君の男気とＭ的な面倒見の良さ、そしてラヴは、この国の復興に大きな力を発揮するだろう。あんまり無理しないように頑張ってくれたまえ）、とにかく「スウェットの上下と運動靴とタオルはちまきとエプロン」というボランティアファッションは常に用意しており、いつでも行けるようにしてありますので、都知事にお願いしたい事と言えば、都下の避難所を5倍にして頂きたい。

新宿の、ワタシのマンションから徒歩圏内にあったら、ワタシは仕事の合間に毎日通います。一部の人々が倒れるほどやる必要はない。都民全員が近所で毎日2時間ずつ行えば大変な成果が上がります。都知事のお陰で一掃されてしまった、今では懐かしくさえある「歌舞伎町、大久保周辺のホームレス」という、平時に於ける、人生という戦場で被災された方々に対し、ワタシは地域住民の毎日の努めとして、余り物を差し出し（段ボールハウスのマクラの位置に置いてから出勤すれば、帰宅時には空箱になっていました）北新宿のパワースポット、稲荷鬼王神社で二礼二拍手一礼、毎日お参りをして（これは現在でも毎日行っています）から仕事を始めておりまして、冬場など履かなくなった靴下や、ストーカー様から頂戴した手編みのマフラーなどをまとめて積んだりしていました。それでも諸氏等は、真冬にコンビニで売れ残ったアイスクリームでカロリーを摂取して年を越そうとし、低体温症で亡くなったりしていたのです。ワタシはこの町に来て、生まれて初めて、知人を低体温症で亡くした。40過ぎのワタシに「あんちゃん。いつもありがとうな。うめえなこのワインとチョコ。金持ちになった気分がするよ」といって、瓶ごとブルゴーニュをラッパ飲みしていた、四国から流れ着いた方です。ワタシが「早く仕事探してどっか行ってくれよ。臭くてしょうがねえわ」と言うと、「ええ？　何で？　俺が嫌いか？　嫌いなら、何でこんなに物をくれるんだよ。よそなんか行かねえよ。な、な、な」と言って笑ったその紳士は、元日にローソンの売れ残りのアイスバーを食べすぎ、路上で亡くなりました。都知事がオリンピック誘致、そして歌舞伎町の「浄化」という恐ろしい言葉を口にした時から、ワタシの路上の友人は総ていなくなった。ワタシは恐ろしい。繰り返しますが、彼等だって被災者なのです。

我々の世代には「A坂Pリンスホテル」（©糸井重里）と呼ばれた赤プリには、特別な思い出があります。バカ兄弟が小便どころかどうやらウンコまで漏らし始め、プカーとかいって煙ふきながら真っ赤っかなチンコ丸出しでふんぞりかえっているというクソ忌々しいご時世、クリミア戦争時のロンドン市民もかくや、否、遥かに上回る市民生活の持久戦、兵糧攻めの耐久マラソンを強いられる、誇り高き庶民の一人として、もしあの、ワタシが昔日、一体何度セックスし、恋のゲームに酔い痴れたか判らない、あの、あのA坂Pリンスホテルが被災者でいっぱいになっているという、SF映画のごとき風景が現前しているのであらば、そして、あのバーの、あのラウンジに、あのピアノがまだあり、まだラウンジバーが必要であるならば、学生のベースとドラムと共に、ボランティアファッションのままで（トイレでタキシードに着替えるというのも、なかなかよろしいですが）被災した東北のご老人達にカクテルピアノの1〜2曲、「煙が目にしみる」だの「ミスティ」だの「ハーレム・ノクターン」だの辺りを、ボランティア青年の手慰みとしてご披露したい（サックスや歌は本職ですから、無料で提供は出来ませんので）という気持ち止みがたし。被災に対して「上を向いて歩こう」だの「見上げてごらん夜の星を」だの「川の流れのように」も大変結構。しかし、モダンで洒落たものをお求めのご老人もいらっしゃるでしょう。現在マネージャーに、彼の地でのボランティア状況を調べて貰っています。

東北地方で亡くなった2万有余の沿岸住居者の中には、数多くの漁師の方々がいらっしゃいます。ワタシが現在のワタシであるための教育をしてくださったのは、半分弱は親である。しかし残りの半分強は水商売の従事者、任侠道におられる方、そして漁師の皆さんです。ワタシの人生に、学者や芸術家が出て来るのは、恐竜の歴史で言えばジュラ紀でも三畳紀でもなく、白亜紀です。漁師の方々は第一には大漁節を好みましたが、第二には演歌、そして第三にはマヒナスターズだ園まりだといったムード歌謡を好みました。ワタシはこの音楽の中に微量に含まれる「ジャズ」という放射能に被曝し、今日に至っています。

一昨日は散歩や美食を探求する雑誌でのインタビューの後、授業を終えてからエロティシズム探求の雑誌のインタビュー、昨日はナオミ&ゴロー&菊地成孔のレコーディングのためのリハーサル、本日はオーディオを探求する雑誌のインタビューから授業に行き、終えてから来月出演するテレビ番組の打ち合わせをしました。来月はナオミ&ゴロー&菊地成孔のアルバム制作と、類家心平くんのアルバム制作を並行します。仕事の量や内容は3月11日以前と何も変わりません。

変わったのは、ワタシが戦時でもなく、被災もしていない国の首都民だったのに対し、ワタシがオルタード戦時にいる、被災している国の首都民に変わった事だけです。「文藝」が吾妻ひでお先生の特集号を出す、それへの原稿が、3・11前の最後の仕事になりました。その原稿のタイトルは「パリは萌えているか?」というものです。

拙著『スペインの宇宙食』を、総てとは言いません、あとがき（文庫版あとがきではなく、初出のあとがき→文庫にも収録されています）だけで結構ですからお読み頂けると有り難い。震災後から黙禱と不謹慎が日常に加わったままですが、ワタシはこの日を待っていたのかも知れない。そしてもし、あの本がいくばくかの方々に愛され、支持されたのだとしたら、この日を待っていたのは、ワタシのみならず。という事になります。

毎夜毎夜、亡くなった農民や漁師の方々が最後の瞬間に見たものを想像するに、胸が灼熱の痛みに襲われます。しかし、大変残念ながら、何の罪もない人々が、一瞬で大量に亡くなる可能性を、世界は悠々と貯蔵しています。

ワタシに至る、我が両親、我が育ての母、我が祖父母、曾祖父母、と、辛くも生き残った我々には生き残った者としての努めがあります。それが、市民の永劫に繋がる努めに加わった訳です。ワタシのリズム感を形成したアフリカ、特に西アフリカでどれほど惨たらしい内戦や紛争が、無限であるかの様な長期を通じて起こっているか、ワタシは常に、知っているつもりでした。しかし、現在我々が宿しているリアリテの強度は、市民生活を続け、暮らしを楽しく、美しくあろうとしている概念を、根こそぎ更新しています。本日もワインを選び、肉を選び、陶然としました。娯楽自粛ムードの根底にある「こんな事をしていてはいけないな」というのは、リアリテそして責任感の欠如だとワタシは思います。

来週、ブルーノート東京さんで、ペペ・トルメント・アスカラールがエリザベス・テイラー追悼コンサートを行います。林正子さんも出演されます。本物のオペラ歌手の歌声をジャズクラブで聴けるのは、僭越ながら我々の夜だけです。厳密には、オペラ歌手の声と、パーカションと、ハープと、バンドネオンと、サキソフォンと、弦楽と、ピアノとベースと、CD-Jの音が混じり合ったサウンドが聴けるのは、我々の夜のみなのです。

喪の儀式として長時間を必要としますので、ブルーノート通常の2セット制ではなく、2時間弱の喪の儀式を一度だけ執り行います。ですので、僅か300名の方しかご案内出来ません。我々は常にモーニングもしくは黒タキシードで演奏して参りましたので、喪章は省かせて頂きます。ですので、ご参加頂く方は是非、喪服でいらして下さるよう。音楽が持つ、総ての喪の力、いつの、どこの、誰に、という事ではなく、響き、そしてリズムが生じる瞬間に常に生まれる本質的な喪の力を、この日ばかりは存在したアメリカの映画女優に集中します。そして、音楽が持つ遍在という属性によって、この夜の喪を、過去と未来と現在に遍く存在する／した、あらゆる喪と、あらゆる歓喜と、あらゆる総ての色と情を、音響美の力で一つにしようではありませんか。それではごきげんよう。

4月6日ブルーノート東京（2011年4月2日）

4月が始まりました。連日働き、夜は美酒と美食であります。因みに本日は、震災後初めて銀座に繰り出し、韓国薬膳料理の「はいやく」で、非常に素晴らしい陰陽／五色五味のコースを百歳酒と共に堪能しました。

フランスと我が国がまさかこうした形で手を結ぶとは、パリ郊外の原発を眺めながらヴァンショーを啜《すす》っていた時（それは、1980年代に始まり、今日まで、何度も何度も）には思いも及びませんでしたが、錯乱気味のクリスチャン・ディオールが店員を引き揚げても、ミシュランは我が国を見捨てず、既に11年度版のために覆面調査員が放たれている事を願います。その暁には「はいやく」が受星する事は間違いありません〔追記4〕。

震災後何故かスイート・ベルモット（ロックで、角切りのレモンを摘んでから投入）の量が増えていたのですが、チンザノのロッソとドライの良さを融合し、柔らかみと薬効を備えたような百歳酒を、リトルコリアに7年も住まいながら今夜初めて口にしたというのは、我ながら7年目の苦笑であります。苦笑と高揚、不安と覇気は、当分の間、我々帝都民の日々の努めになるでしょう。店は満席で、隣のテーブルに、美しいレズビアンのカップルがいました。

千年に一度の3月、その雨を受け、灯火管制下にある銀座の夜、閉ざされたままの歌舞伎座を横目に眺める柳の撓《たお》り具合は如何様か、その様子は追い追いご報告するとしまして、本日は追悼コンサートの告知であります。当欄では既報ですが、本日正式に発表となりました。

＊ブルーノート東京。4／6菊地成孔とペペ・トルメント・アスカラール

「エリザベス・テイラー追悼公演」詳報

http://www.bluenote.co.jp/jp/artist/naruyoshi-kikuchi-pepe110406/

通常のブルーノートでの公演は2セット制で行われ、1セットの契約時間は70分平均となっていますが、この日は海外女優追悼の特別公演として、2時間1セットのみ、コンサートホール公演或いはクラブギグと同様に執り行われます。

更に、ブルーノート東京側の理解により、料金は通常の1セットと同額とさせて頂きました。「コスパ」というういけすかない言葉の意味も、些かながら変わらざるを得ない時代が訪れますよう。また、ご存知の通り、ちょうど一ヶ月後の5月6日に通常形態の公演が既に決まっておりましたので、再度、お解りの通り、これを単に商売として考えるならばシンプルにリスキーです。

＊ブルーノート東京。5／5&6菊地成孔連続公演

http://www.bluenote.co.jp/jp/schedule/

（現在はリンク切れ）

リスクを冒してくれたブルーノート東京と、来日公演をキャンセルするというオーディナリーな罪を犯した外国人アーティストに感謝します。彼等のキャンセルによりこの公演は決定しまし

た。

急遽決まった公演ですので、残念ながら唯一、ヴィオラの菊地幹代だけが参加出来ません。一方、スイス在住であるソプラノ歌手の林正子さんが合流し、パーセルのアリア「わたしが土の下に横たわる時」をご披露する機会を得る事が出来ました。17世紀のイギリスで作曲されたこのアリアを、我々が皆様にご披露するのは、恵比寿リキッドルームに続いて二度目です。披露と申し上げたものの、この日ばかりは、この曲はエリザベス・テイラー唯一人に捧げたいと思います。捧げものをご披露する事になります。この曲と申し上げたものの、この日ばかりは、全楽曲を彼女唯一人に捧げたいと思います。捧げものを皆様と共にする夜です。

さきほど、当日会場に掲げる遺影の制作を、ドラァグクイーンであり、美術家であり、パーティストであるヴィヴィアン佐藤さんにお願いした所です。痛ましさが美である事を、我々は現在、文字通り痛ましいほどに、美しいほどに知っています。カールハインツ・シュトックハウゼンが9・11の際に思わず口走り、一瞬で撤回（厳密には修正）した「この光景は芸術的だ」という言葉を、一億の民が呆然と飲み込んでいる事を、我々は全員知っています。

エリザベス・テイラーの、素晴らしいまでの痛ましさと美しさは、極東に於いてその死が、こうした日々の中で報じられた事によって見事に完遂したと言えるでしょう。あらゆる痛みとともに取り憑かれるように刮目していた、凄まじいテレビジョンの画面から、突如として彼女の死が報じられた瞬間をワタシは一生忘れません。他にいくつかある、一生忘れ得ぬ事達と一緒に。

告白しますが、ワタシは『南米のエリザベス・テイラー』を制作した際、彼女はとうの昔に亡くなっているものと思い込んでいました。7年前、ブエノスアイレス行きのヴァリグ・ブラジル航空機に搭乗した瞬間にワタシに去来していたものは、アムールと予感の、むせ返る様な混濁だけだったと記憶しています。その予感は、常に外れ続け、常に当たり続けています。それでは6日後に。痛みと美と生命と共に。喪の儀式が持っている、あらゆる力を、我々と共に。

二つの沿岸にて（2011年4月4日）

不謹慎は承知で原子力発電所を3兄弟だの、炉心を熱くなったチンポコ等と擬人化してきまして、これは我々の世代のフロイディアンが聖典の一つとする岸田秀著『ものぐさ精神分析』の一章が「擬人論の復権」であるが故致し方ないというものですが、とうとう高分子吸収ポリマーが投入されるに至り、ワタシの不謹慎に柳眉を逆立てるような方でさえ、さすがに苦笑を禁じ得なかったのではないでしょうか（それは、「黒苦笑」即ち、ブラックビターユーモアとでもいうべきもので、まるで音楽用語に於けるサブドミナントマイナーのような感じですが）。

まあオムツでも良いけれども、ワタシの記憶には、あれは生○用のナ○○ンにかましてある（「かます」というのは何かこうえげつない感じがしますが、ここでは英語のsetの如く解釈して頂きたい）モノ。という刷り込みがなされておりまして、以降、特に確認せずに書きますが、フランス語では「原子力発電所」とか「原子力」とか「原子炉」といった単語は総てeで終わっている筈なので、高い確率で女性名詞であり、「福島のだんご3兄弟」という擬人化が微妙に崩れるような崩れない様な、非常に気持ちが悪く、ブラックビターユーモアであります。コートジボワールが事もあろうにこの状況下に当てるようにして（日本の状況など、アラサン・ワタラ派の兵達は知る由もないでしょう）内戦を蒸し返したのも、ドサクサに紛れて言ってしまえばこっちも大変なブラックビターユーモアです。

震災以後、柄にもなくヤフーニュースのトップをチェックする（&テレビジョンのニュース番組をコマメに見る）という変な習慣がつきまして作曲や練習や読書の時間を奪うので、比較的マジで困っているのですが、大見出し（というのか？　行くとすぐに出てるやつ）に〈コートジボワールの内戦〉が出ていたりすると、まあ、震災前からのイスラム社会の流れとはいうものの、何か昨今になって、世界情勢に疎い人々などに、いきなりアフリカで悲惨な内戦が群発したかのようなイメージを喚起しかねないな、まさかこれが噂の大衆へのガス抜き情報操作ではあるまいか等と実に余計な事を考えたりしてしまいます（アフリカは、我々がバブルだ渋谷系だと言って、時に激しく、時に優雅に生活を楽しんでいた頃から一貫して想像を絶する様な悲惨な紛争や内戦が絶えない大陸です）。

人類から人類への供物としてのブラックビターユーモアであるならば、福島の敷地内の惨状と、ジープに鉈や機関銃を思いっきり車載して勝ちどきを上げている兵士の写真と、ちょっとだけ生○用ナ○○ンのＴＶＣＭを入れてスライドショーにし、バックに『アニメンティーヌ』を流し続ければ良い。と思うほどですが、コートジボワールが、西アフリカ諸国の中でも最も音楽的な遺産が貧弱である事も含め、この、些か苦みが利きすぎたマッシュアップ／カットバック（「最も略奪が少ない民族と、最も略奪の多い民族の今日」）が、核兵器恐怖が文学の主要なモティーフだった50～60年代式ブラックユーモアの格式美を持つに至らず、『アニメンティーヌ』の中でも「キャッツ・アイ」のアレンジが飛び抜けて素晴らしい事が一部の好事家に伝わるか、ひたすら不謹慎だと激怒するピュアな人々をいたずらに量産する程度が関の山であると試算してしまう限りにおいて、パソコンのスキルがなくて良かったと思うばかりです。あったらワタシ、自分でやってしまうでしょうから。

人類は、必ず良くなります。しかしそのためには、ブラックユーモアを受け止める胆力の普及が必須となるでしょう。ワタシは、冷笑して僅かな優位を手に入れるなどといったケチ臭い真似をしようというのではない。20世紀末というのは、ブラックユーモアをブラックとユーモアに分離させた時代で、これは19世紀末が魔術と科学を分離した事の果てにあると思います。あらゆる混ぜ物が、どんどん分離され、純化され、薄っぺらくなってしまう。

ブルーズはその事への対抗であり、ラテンはその結果です。「ちょい乗せ」などといって、なかなか良い気運が起こってきたな。あれに若干のエレガンスが加われば随分と良いものだ。コンビニ食でいいんだぞ諸君。そのまま行け。等と思っていた矢先に、地面が揺れた訳です。

否定によって主張を強化するのは野暮ですが、ワタシは逆説を言って何かを批評しようというのではない。我々は大変な好機にいます。それは、みんなが一つになって、誰もが一人じゃないという事を痛感し、日本が強い国である事を再確認する。といった事も勿論含まれるでしょう。しかし、そうした物だけでは、それがもし愛だとしても、それは愛の美しい横顔程度に過ぎないとワタシは思います。不安がり、怯え、母の慈愛と包容を求めるだけでは、表現が些か左翼的になりますが、奴等の思うつぼです。と言えるでしょう。

今こそ我々は、宗教を、科学を、哲学を、芸術を、遊戯を、努めを、あらゆる営為について、古代の民にまで遡って再考察し、再実行し、再獲得する、一種の権利を手にしています。エレガンス、ユーモア、バイオレンス、リズム、トーン、カラー、等に生き生きと触れ直す、瞬間的な特権と言っても良い。何故アメリカが、文字通りの（巨大な）助け舟を出してくれるのか、「いや、データ欲しさと貸し作りと、一挙両得だからでしょ。こんな人体実験二度と出来ないし、もう沖縄には何も言わせないよね」というスマートな評価も大変結構。何故インターネットは、福島の、文字通りの最前線で闘う人々の、血の一行一行を惜しげもなく我々に共有させた上に、国家に対し、なんでもかんでもとにかくひたすら正しい情報をよこせよこせと、飢饉のように叫び続けさせるのか、「知らぬが仏とか、秘すれば花といった成熟をインターネットは奪うからだよ。純化の果ての動物化でしょ」というクレバーな分析で充分至極。

しかし、ワタシの慎ましい貪欲さは、「そこにどんな音楽が流れるのか？」にあります。ここでいう音楽とは、音楽産業が流通させる商品の事であると同時に、人類の本質的属性である、抽象化の力、我々を生かし、祓い、救い、滅ぼす、総ての力を秘めた希望そのものを意味します。新しい音楽でも良い、古い音楽でも良い。どちらでも良いのです。『アニメンティーヌ』を、ワタシは、矯正歯科の待合室で聴き、ちょっと良いな。と思いました。そして、さきほどの、実現されないブラックユーモアの中で、これはかなり良いな。と思った訳です。ナチスドイツはワグナーを悪用し、オウムはヨガを悪用したと巷は言います。しかしワタシの解釈では、彼等は悪用したのではない、善用出来なかったのであります。何故か？　ピュアだったからに他なりません。ピュアはパワーではない、ピュアはプアーの変形、などと言えば、幼児語めいたヘタクソなライミングになってしまう。しかし、昔日は象牙海岸と呼ばれた美しい沿岸と、我が国の精神的風土の一つとも言えるリアス式海岸で、同時に悲劇が起こっている。この事実に拮抗出来る力があるとすれば、それはピュアではないし、アンチピュアでもない。この好機にゲット出来るかも知れない、新しいイマジネーションに外なりません。愛こそはすべて。ごきげんよう。

特別公演終了（2011年4月7日）

抜き打ちで大変失礼しました〔追記5〕。こうした状況下ですので、各セクション様々な思惑が交錯する訳でして、ぎりぎりまで逡巡し、調整した結果、チャリティーライブはしないという純潔は守らせて頂き、尚かつ我々の、僅かながらの労働、演奏という労働以外の労働によって頂戴出来る限りのものを頂きました。

ステージ上でも申し上げた通り、ワタシは金をせびり身体も心も奪ってしまうのが得意な悪い男だった時期を地獄よりも深く反省し、現在を生きておりますけれども、本日ばかりは不謹慎そして不覚ながら、ほんの一瞬、昔を思い出しました。

ヒモの集金ならばまだよし、他ならぬお客様から、料金以上の集金をするという事の意味が、ワタシには実際の所、まだ良く解りません。だからこそ、とも言えますが、どういったお礼の言葉を、何度繰り返したら良いのか、まだ茫漠たるままです。有り難うございました。楽団員達も全員、楽しませて頂きました。これもまた、ステージ上で申し上げた事です。我々が、こうした、ともすれば楽しくさえある事が、二度と必要ない世の中になりますよう。ハイチも、四川も、ニュージーランドも、イスラム諸国も、お金が必要だ。という意味では必要なままです。

ブルーノート東京のウェブサイトを通じて、厳密な金額が後ほど公表されますが、ワンナイト、フルハウス約280名様で概算50万円近い募金を頂戴しました。金額の多寡を問題にするのは下衆の最たるものですが（イチローが1億円は少ない。というのは、「イチに合わせた」という推測が笑える以上の事は全くありません）、とはいえこれは、ジャズクラブ平均に還元する限りにおいて、ワンナイト（しかも、抜き打ちで。「事前に言ってくれれば、50万ぐらい用意したのに」と仰る社長様等からメールを頂戴しております）とはとても思えない、屈指の高額です。自分の贔屓筋に対し、また一つ、誇りに思える事を増やして頂きました。仲間とお客様に恵まれなかったら、ワタシの命などとうの昔になかったでしょう。

金の管理が出来ない人間ですので、一円漏らさずブルーノート東京に委託し、日本赤十字に寄付させて頂きます。ワタシの個人的な義援金は、ステージ上では2億と、税務署との駆け引きを考慮した上で、少々少なめに申し上げましたが、明らかにはしません。皆様が差し出される紙幣を、ワタシは見ないように努めました。

総てのメッセージは音楽に託してありますので、改めて申し述べる事はありません。とにかく我々は、いつもの通りの楽曲を、いつもの通りに演奏する事を心がけました。その事が伝われば。と思います。我々は王侯の身ではない。誇り高き市民なのです。生活を、個々人が可能な限り豊かに、変わりなく繰り返していく、こうした状況下での市民としての最大の努めは、そこにあります。いつか来るこの日のために、日々の暮らしが、精神的に、美的に、宗教的に、科学的に、もうとっくに備えてある。あらゆる事が、実は最初から備えになっている。この事の豊かさが総ての市民に問われています。どんなに窮しても、どこまでシリアスになってもエレガンスである事、ユーモラスである事、キュートである事、セクシーである事、勇敢である事、混迷の現代に於いて、響きと音色とリズムと歌詞以外に、ワタシに信ずる物があるのならば、そうした事だけです。

来月は通常公演となります。というより、来月からが、震災以前から決まっていた、年間契約の第一弾になります。林正子さんに加え、カヒミ・カリィさんの招聘も決定しております。どこまで贅沢にするつもりだと問われるならば、出来うる限り。と申し上げます。エリザベス・テイラーに対する心理的な喪は、ワタシの中でゆっくり来月までに明けるでしょう。彼女の遺影と見つめ合いながらの3時間でした。ご来場頂いた総ての皆様に感謝致します。有り難うございました。ではまた来月の逢瀬に。ごきげんよう。

初出「PELISSE」2011年3月26日〜4月7日）

〔追記1〕九段会館はペペ・トルメント・アスカラールの聖地だった。ご存知の通り、震災で直接の被害者が出た、東京で唯一の場になり、以降、音楽の公演を行う演奏会場としての機能は失われてしまった。

〔追記2〕

今では信じ難い事だが、当時、バンドが公演で「北に向かう」事は、スタッフもメンバーも含めて考慮の対象になった。富山公演に関し「どうしますか?」とスタッフに訊かれた筆者は「え?　何を?」と答え、メンバー全員の総意の元、北へ向かった。もしそこで被曝し、それが遠因で亡くなるとしたら、それは悲劇的でも英雄的でもない、普通の死である。しかし、驚くべき事に、当日のダブルビル（二枚看板）であったリトル・クリーチャーズは、青柳というリーダーの意向で出演を辞退した。リトル・クリーチャーというぐらいなのだから、ものを考える脳やキンタマが先天的に欠損していても仕方がない。しかし青柳は、公演中止に際する、一切のエクスプレインもエクスキューズも、或いはもしあるなら、高邁な思想による、「演奏をしない理由（富山に向かえない理由）」を、少なくとも彼等のファンに向けて、公演当日までにコメントすべきだったと思う。しかしコメントはなく、随分経ってから、青柳の「人類は愚かだ」的な、ポエムの様なへったくれが何かの媒体に載ったに過ぎない。

恐くて来られないならそれで良い。ポリシーがあるならそれでも良い。チケットを買って、自分達を待っている人々へ、行けなくなった理由を伝えるべきだ。そしてリトル・クリーチャーズは伝えた。公式コメントは「バンドの都合により」の一文だけ。

筆者はこれに対し「貴様等がしている事は東電と同じである」「自分達のパワーを頼りにしている人々

を下々の民とでも思っていない限り、あれで済ませられる訳がない。嫁が広瀬なにがしの娘だかなんだか知らないが、ぐるっと回って反原発のやる事が東電と同じになる、というのは当たり前すぎる以前に芸がなさすぎる」と、ありきたりのビーフを仕掛けたが、勿論、アンサーはない（キンタマがついていないため。もしくは高邁で透徹した思想を持つ自分に比べ、筆者を相手にすべきではない狂犬と判断したため。もしくはその両方だと思われる）。青柳およびリトル・クリーチャーズは現在でものうのうと音楽活動を続けている。

最後になるが、青柳が何の説明もしなかったのは、ファンにだけではない、ダブルビルコンサートの相手であった我々（スタッフやメーカー含む）にも、一言の謝罪も説明もないまま、青柳はナイーブに自閉し、同じような自閉者や自閉者を愛でる人々から支持を受けている。

〔追記3〕この日のブルーノート東京は、開店以来最も高いフォーマルドレス率を記録したと思われる。筆者は喪服でドレスアップした男女性で満杯のエントランスをモニター画面で見ていたが、それはアカデミー賞の授賞式の様でもあり、欧州の要人の葬儀のようでもあった。この光景を筆者は一生忘れないだろう。

〔追記4〕残念ながらその後日本からは撤退。

〔追記5〕

「絶対にチャリティーコンサートはやらない」「少なくとも自分は音楽を応急処置用には演奏していない。いつどこでどんな悲劇があっても良いようにやっている」「チャリティーコンサートという存在の意味が分からない。100歩譲って、誰もが知らないような所で起こっている悲劇に対して義援の必要性を知らせる、というならばまだしも、全世界が知っている件について、もし義援したくば、好きな時に好きなだけ出来る筈であり、それは音楽家も観客も変わらない。チャリティーコンサートもチャリティーソングも、音楽というもののそもそもの意義と強度に関して、舐めているとしか思えない」という理由によって、我々の「リズ・テイラー追悼コンサート」はチャリティーにしなかったが、ブルーノート側は当時、チャリティーではない全公演に関し、演目とは無関係に一定期間チャリティーボックスを置き、観客の自主性によってチャリティーを行っていた。

それならば仕方ない。我々は追悼公演を行い、アンコールまで終えて、一度完全に公演を締めてから、「今日の公演と無関係に、義援金を出したい人だけに」と念を押してから、メンバー全員で客席に降りて会場をくまなく回り、集金のパフォーマンスを行った。集金を拒否した観客も、財布ごと総てボックスの中に投げ入れた観客もいた。

第III章

Jun 2011 - May 2015

Virtuose
du Requiem

Oniroku Dan (1931.4.16 - 2011.5.6)

追悼　団鬼六氏

「２０００年問題」というのがあり、巷間あれは、結局何もなかったと思われている。しかし私はあの問題は生きていると思う。

「21世紀の始まりが、２０００年を境にちょうど10年遅れてしまった（国際的な計器の故障か何かによって）」という形で。

９・11はだから、21世紀の始まりではなく、20世紀の終わりの出来事なのである。そして再び、21世紀は、だから今年（２０１１年）から始まったとしか思えない。人は毎秒亡くなる。「偉人の死亡ラッシュ」等という事実は、あったとしてもフロイド的な、関連づけ症状の中にしかない筈である。

そして私は、まさにその症状に苛まれている。「昭和」「20世紀」の美学を形作った偉人達が、滑り込むようにどんどん鬼籍に入って行く光景をただ黙って見つめているような気分。どんな記録にあたっても、そうした偏向は存在しないというのに。

従って、というべきか、故人の急逝は、昭和の一角が完全に終わった事、日本に於ける官能という文化がとうとう21世紀を迎えた事を同時に意味しているとしか私には考えられない。

故人がJ・S・バッハの平均律のようにして世に知らしめた和式の官能文化は、これからの日本人にとって前世紀の、美しく、素晴らしく、信じ難い魔術という神格にゆっくりと移動して行くだろう。

巨大な真の陰翳、真の絶望、真の再生が問われる、と目され、つまりは真の官能性が蘇生すべきと目される季節の急逝に、不謹慎の誹りを覚悟の上で極上の粋を感じる〔追記1〕。

初出「VOBO」2011年5月掲載日不明

〔追記1〕これはウェブサイトへの追悼コメント集からの物である。ご存知の通り、ああしたものは雑誌と違い、コメントが届く都度並びが変わる。筆者のコメントのすぐ下には、短い期間ながらも非常にスマートで、他の総てのコメント（勿論、筆者の物も含め）の、明らかにワンランク上に位置するクオリティのものがあり、筆者はその並びが変わるまでの数日間、そのコメントを読み続けた。初めて見るそのコメンテーターの名は「マツコ・デラックス（女装家）」といった。

Gil Scott-Heron (1949.4.1 - 2011.5.27)

革命に再放送はない

──追悼 ギル・スコット＝ヘロン

さて、本日最後の曲になりますが、ここで訃報です。ワタシはジャズメンですから、まあ、基本的にはよそ者です、ですんで、この方が亡くなった事をそんなに真正面から捉えている訳ではないですすし、むしろあまり大袈裟にすると、この方が亡くなった事を真摯に捉えている人々に失礼じゃないかなと思う位です。

ギル・スコット＝ヘロンが亡くなりました。62歳でした。

ワタシのダブ・セクステットというバンドのファースト・アルバムのタイトルは『ザ・レボリューション・ウィル・ノット・ビー・コンピュータライズド』というタイトルなんですが、これは言うまでもなく『ザ・レボリューション・ウィル・ノット・ビー・テレバライズド』というギル・スコット＝ヘロンの出世作から取っています。

この曲の邦題はいろんな訳が入り乱れて一定してないんですが、ワタシが一番好きなのは、これは誤訳というか、強めの意訳なんですけど「革命に再放送はない」という訳です。正しくは「革命はテレビ番組化出来ない」「革命はテレビでは放送されない」といった意味だと思うんですが。

ワタシはよそ者ですがこの方の音楽は大好きです。この人の事を「黒いディラン」と呼ぶ人もいますが、ワタシはギル・スコット＝ヘロンを黒いボブ・ディランだと思った事は一度もありません。今後も思わないと思います。というのは、ワタシはボブ・ディランの事を真面目に聴いた事がないからなんですけど（笑）。聴いてもいないのに言うのは何ですが、ボブ・ディランはこんなにファンキーでいい調子ではない。ボブ・ディランがこんなにグルーヴィな人間だとはワタシにはとても思えませんし、また、スコット＝ヘロンが、あんなセルフプロデュースに長けた商売上手であるとも、とても思えません（笑）。

ギル・スコット＝ヘロンが亡くなったので何か1曲捧げたいなと思った時に、彼の曲をプレイしたり、自分が彼にちなんで付けたアルバムの曲をプレイしたんじゃ、粋でも何でもありません。その時にパッと頭に閃いたのが今日の最後の曲です。作ったのはキップ・ハンラハンという、ワタシの頭のおかしい友達の一人です。ミュージシャンには、お互いに「お前は天才だ」「いやいや、お前こそ天才だ」と言って、お互いを褒め合う、そういう仲間が一人ぐらいはいるんじゃないかと思います。まあ、そんな奴等は頭がおかしいに決まってますけど（笑）、ワタシにそんな事を言ってくれるのは世界中でキップだけです。そういうバカ仲間の一人です。

彼が作った『ビューティフル・スカーズ』というアルバム。これは本当に素晴らしくて、彼の中で一番いい作品じゃないかと思います。何せ日本語版の解説は菊地成孔さんが書いていますからね（笑）。このアルバムから1曲、ギル・スコット＝ヘロンに捧げます。勿論、シャンパンとして、ですよ。基本的にはパーティー用のお酒であるシャンパンを喪のために使うというのは、ちょっとしたルール違反なんですが、そこはそれ。楽しんで頂ければと思います。

詩を朗読します。比較的長めですが、ご容赦下さい。ラジオでは黙禱が出来ません。放送事故になっちゃいますから。だから、ワタシがこの詩を読んでいる時間を黙禱に代えさせて貰いたいと思います。キップ・ハンラハンの作詞によるもので「カラバッジョ」という曲です。

（訳詞を読む。約3分間）

不束ながら、これを黙禱に代えさせて頂きます。彼の不断の闘争が、亡くなった後も天国で続きますよう。では、また来週、日曜8時にお会いしましょう。お相手は菊地成孔でした。有り難うございました。

Kip Hanrahan
「Caravaggio /
A Quick Balance」
『Beautiful Scars』
Enja / 2008 所収

初出　TBSラジオ「菊地成孔の粋な夜電波」第8回／2011年6月5日

Fusae Yamamoto (- 2011)

遺体にチュー

――追悼 山本房江（仮名）さん

えー、さて、今日のお別れの曲です。これは私事なので公共の電波に乗せるのもどうかという話なんですが、まあ私事っちゃあ、この番組、ほとんど私事ですからね。

先日母方の叔母を亡くしました。77歳なので、まあまあ、天寿を全うした、と言って良いと思います、はい。何せ家族の前で、苦しまずにさっと逝ったんで、実にその人らしいなと思いました。

そうですね実名は出せませんので、仮名で「山本房江さん」とさせて頂きます〔追記1〕。

山本房江さんは、９人姉妹のワタシの母親の下の下の妹なんですね。ワタシの母親も80歳をとうに超えまして、まあその（笑）、頭がボヤっと、こう、してますが存命中です。房江ちゃんはもう元気な方でね、一族の中で必ずいる外れ者なんですよ。

うちの母親の家は千葉県銚子市の中で一番でかい寿司屋だったんです。でも、房江ちゃんはもう外れもんも外れもんで、なんせ寿司屋の娘なのに生魚も焼き魚も一切喰えないっていう人でね。一番好きなのが煙草、二番目に好きなのが肉っていう人で（笑）、生涯結婚せず、しかも家族の中で一人だけ東京に出て来た人なの。あと全員地元、まあ、太平洋戦争で何人か死んでますが。

だから、姉妹、兄弟の間では完全な外れもんだと思われていて、昔だったら「翔んでる女」とか言われるようなタイプでした。ワタシもずっと東京にいたので、ワタシが入院した時に、房江ちゃんは煙草片手に焼き鳥だ、チャーシューだって、沢山持ってお見舞いに来てくれたんですけど、煙草は火、消しただけで手に持ってるわ、こっちゃあ結構な大病で死にかけてるんでチャーシューどころじゃないんですけど（笑）。

房江ちゃんはまあ、お定まりで水商売をやってて。一時期中野坂上でスナックもやってたんですよ。ワタシ、そこに遊びに行った事もありますね。まあ、よくあるじゃないですか、「こんなとこ誰も来ないよね」っていうスナック（笑）。「一ヶ月に何人客が入るの？」っていう（笑）。

ボトルキープの棚に蜘蛛の巣張っちゃって（笑）。そういう所でね。

房江ちゃんはワタシの事を「ナル坊」って呼ぶんですけど、ワタシが、うわー、蜘蛛の巣。とか思いながらたじろいでると、「ナル坊、上がれ、ほら、上がってけよ」って言われるんです。奥が自宅になってる。っていうね。

そうすると、すき焼きが出てくるんですね。房江ちゃんはとにかく魚も野菜も全く食べない。ひたすら肉と煙草、なんですね。逆ベジタリアンっていうか（笑）。もう最高にグッドヴァイブスな人で。時々、煙草をおかずに飯喰ってたんじゃないかっていうくらいの煙草好きでした（笑）。セブンスターでしたね。最終的には心臓で逝ったんで、やっぱり肉と煙草かなと思いましたけどね。そりゃあもう、本望でしょう。

それですき焼き食って、「客来ねえな」と思ってたんですけど、黙ってて。もう店も真っ暗でね。端の方の日本酒の瓶にヒビが入ってたり、良く見たらいろんなとこに蜘蛛の巣が張っちゃったりなんかして。「TVガイド」が脇にあったんで、ペラって捲ってみたら、朝から晩までマルが付いてて、「絶対仕事してねえだろ、いちんちじゅうテレビ見てんだろ」っていう（笑）。

結局この店は当然潰れちゃうんですけど。それで、どうなるんだろうな、房江ちゃん。結婚もしてねえし、遊びが過ぎて一族からも白い目で見られてたんで実家にゃ戻れねえし。房江ちゃん、このまま風来坊でどうなんのかなーと思ってたら、何とこれが住み込みの家政婦っていう仕事に就きまして（笑）。こっれがもう、パワーアップして3倍ぐらい若返っちゃったんですね（笑）。女ってヤベえなと思いましたよ。そいでもっていろんな家に住み込みに行ってね。もう、リアル「家政婦は見た」ですよ。いろんな人のいろんなものを見ちゃったみたいで。本当なんだな、「家政婦は見た」ってのは。だからたまに会うと話が止まんないの（笑）、まあ、思い出話なんかしたらキリがないですけど。

先日です。ほんと、1週間も前じゃないな。急に「房江さん死んだよ」っていうんで慌てて銚子に帰りました。

まあ、葬式やって送り出して、骨も拾いまして。心臓の具合が悪くて、煙草呑みながら笑ってたら急に「あれ？」言い出して、一瞬で逝っちゃったらしいんで、もう奇麗なもんでね。良く寝てるみたいだって言いますけど、本当にそんな感じで。突然起き上がって、「ナル坊！　上がれよホラ!!」って言い出すんじゃないかっていうくらいでした。

どなたでも経験があると思いますけど、棺に花を詰めたり、入れ歯やメガネを入れてやったりして。セブンスターなんか何カートン入れたんだかね。そうしてる間にもう出棺が近づいて。これでお別れだって時間になったんです。

房江ちゃんは唯一、ワタシの事を一人前に扱ってくれた人だったんです。ワタシは鬼っ子の恥じかきっ子で、血族の中じゃ永遠のチビ助だったんで、成人式終わっても、30んなっても、そこそこ名前が売れるようになっても、親戚はみんな「おう、ナル坊」なんつって、アタマでも撫でそうな勢いな訳（笑）。

家業が嫌いで夜の商売してた、アウトサイダーの房江ちゃんだけが、もうごくごく自然に、ワタシの事を、いっちょうまえ扱いしてくれたんですよ。本当に感謝してます。今でも。

それでも、良くある話ですけど「何も出来なかったな、房江ちゃんには……」って思ってジーと顔を見てたらね。今からエグい事言いますよ。断っときますけど。エグい話お嫌いな方は耳に指突っ込むか便所行って下さい。

ワタシ年甲斐もなくね、あのー、自分からキスしたくなりまして。まあ、何年振りでしょうかね、あんな風になったのは。テメエからキスしたくなるなんてね。勿論、女として、ですよ。女として。77歳のババアの遺体にですよ、チューしなきゃ済まねえや、もうしちゃおう。オレはチューするんだ。って感じになっちゃいまして。もうしちゃおっかなってとこまでいったんですけど、すぐ脇には小説家の菊地秀行ご夫妻もいらっしゃいますし、いろんな方がいる訳で（笑）。結局出来ませんでした。

ワタシと兄貴は、元々飲食業ばっかりの一族の中ではちょっと頭のおかしい兄弟だと思われているんです。だから何したって驚かれない。だけど、弟のちっちゃいのが……たってもう50近い訳ですけど（笑）、77歳のババアの遺体にキスっていうのもね。ワタシは一族の中ではグンと小さいんですよ。ただ、身長は一番高かったの（笑）。とはいえ兄貴も14歳上だし、いつもチョビ扱いでした。だけど房江ちゃんだけはワタシの事をチョビ扱いしなかった。ジャズが好きだったのかしらん、なあんて思った事もありましたけどね。店に上がった時は「ナル坊、何飲む？ウイスキーにすっか？　焼酎にすっか？」って訊かれて、アタシまだ飲めなかったんで「いや房江ちゃんオレ、ウーロン茶でいいわ」ったらニヤっと笑ってですねえ、「なんだナル坊、ジャズミュージシャンなのに、酒やめたかね？（笑）」って言われました（笑）。そいでセブンスター一本、貰ってね。

まあ、好きだったんですね。女兄弟に良くある話ですけど、ワタシのお袋の事なんか大っ嫌い、育ての母にあたる、お袋の妹の事も大っ嫌い。お互いに大っ嫌いの、仲の悪い姉妹で、ワタシが房江ちゃんの店に行った、何て、口が裂けてもね、言えない感じな訳ですよ。実の姉妹なのに「あの女はよお」つってましたからねえ（笑）。ワイルドな街なんです。銚子ってとこは（笑）。

房江ちゃんが亡くなっちゃった事に関しては悔いも何もないですけど、キス出来なかったという事だけ悔いが残っちゃっているんです。でもね、あのね、悔いってのは悪い事じゃあないです。悔いがあって、悔いを根拠に楽しく生きていく訳ですから。人間は。ね？

今日は房江ちゃんに出来なかったキッスの代わりに、この曲を房江ちゃんに、そしてラジオをお聴きの皆さんにもお届けしたいと思います。選曲の根拠は、この曲を歌ってるタレントさんが、若い頃の房江ちゃんに似ていたからなの。家族や友達が、テレビに出て来るタレントに似てるなあって思う、最初の記憶ってありますよね。あれです。１９７０年の曲です。作曲は都倉俊一先生。作詞と歌唱は中山千夏さんです。

という訳でジャズミュージシャンの菊地成孔がお送りして参りました、「菊地成孔の粋な夜電波」。お別れの時間になりました。我々が大好きなあの夏の過酷さ。その過酷さを今年も我々が大いに泣いたり楽しんだりしながら過ごせますよう。番組リスナーの日本歌謡曲ファンの皆様、日頃日本歌謡曲の名曲からの選曲が少ない、とお嘆きの貴兄には特にお届けさせて頂きます。中山千夏さんで「とまらない汽車」。また来週の日曜8時にお会いしましょう〔追記2&3〕。

とまらない汽車に　ふたりで乗ってしまった
髪の長いムスメと　むこう見ずのこのぼくと
とまらない汽車に　ふたりで乗ってしまった
ムスメのうた聞きながら　ぼくは空を見ている
何かのまちがいだと思うのだけれども
汽車はもうとまらない　とまらないウォーウォー

とまらない汽車の　線路は長くつづく
なんだか淋しくなって　ふたりはキスをする
何かのまちがいだと　思うのだけれども
汽車はもうとまらない　とまらないウォーウォー

とまらない汽車よ　地平線を越えて走れ
まちがいだっていいんだよ　この娘が好きなんだ
まちがいでもいいさ　汽車よさあ走れ
とまるなよ　この娘が好きだ

中山千夏
「とまらない汽車」
ビクターレコード / 1969

初出　TBSラジオ「菊地成孔の粋な夜電波」第9回／2011年6月12日

〔追記1〕

もう仮名化する必要もないので本名を出しても良いのだが、これはもう永遠に「房江ちゃん」にしておくべきであろう。筆者は特定宗教を持たないが、祖霊崇拝と、それを含む神道を漠然と信じている。

なので寝る前に手を合わせ、亡くなった親戚や家族の名を呼び、南無阿弥陀仏を10回唱え、神社をイメージして拍手を打ち、一日の報告をしてから寝る。名を呼ぶ人の数は年々増えていくが、一番近くにいるのは、他のどの親戚でも、父親ですらなく、房江ちゃんである。

〔追記2〕筆者は幼少期、この曲をテレビのスタジオで中山千夏氏が歌っているのを聴き、特に作詞の素晴らしさに衝撃を受けた。止まらない汽車に、二人で乗ってしまった。二人はキスをする。そして、それでも汽車は止まらないのである。

〔追記3〕この回を聴いた中山千夏氏からは、番組に直接メールを頂いた。中山氏は房江ちゃんより10歳以上お若いので（中山氏はオンエア時63歳）、大変な無礼を働いた恰好になったが、好意的な内容で安心したのを憶えている。因みに筆者は、「とまらない汽車」以降ずっと中山氏のファンで、有名な「夜のヒットスタジオを舌禍で降板事件」についても、現在の所、完全な小説としては最新著である『妖精の詩（06）』についても番組で触れていた。「妖精の詩」は、自分より遥かに若いと思しき青年とネット上だけで恋愛をする、変形のプラトニックラヴ小説だが、中山氏の実体験に基づいている。

John Coltrane (1926.9.23 - 1967.7.17)
Billie Holiday (1915.4.7 - 1959.7.17)

天国のハワイ
――ジョン・コルトレーン／ビリー・ホリデイに捧ぐ

本日7月17日はジャズミュージシャン、ジャズファンにとっては大きな意味を持っています。ジョン・コルトレーンとビリー・ホリデイの命日を我々は共に過ごしています。

ビリー・ホリデイは44年間、一般的には大人っぽいイメージがあるので、これを言うと驚かれる事が多いですが、コルトレーンは41年間しか生きられませんでした〔追記1〕。

二人とも大変に苛烈な人生を送りました。特にビリー・ホリデイは苛烈な人生というのがもう売りみたいになっちゃっていますね〔追記2〕。アルコールから、ヘロイン、コカイン、あらゆるものに手を出しました。まあ、ジャンキー大会のチャンプは、ジャズではやっぱチャーリー・パーカーですけどね。麻薬全部やって、もうないってんで風邪薬から厨房にあるナツメグまで全部やって、そのうえ最期はテレビを見ながら笑ってる時にオーバードーズで死んだっていうね（笑）。

ビリー・ホリデイも肝臓・腎臓・肺って全部ダメにしていますからね。文字通り肝心要が総て潰れちゃって。44歳で亡くなりました。

それでもね、ワタシが最も好きなガールズ・トークは、レディ・Dと、同じくジャズシンガーのアニタ・オデイが、「どっちが沢山本番前にコカインを使ったか」の話でして、二人ともファウンデーション用のパフケースの中にパンパンに詰め込んでるんですが（笑）、「一番やったのはビリーよね」「何言ってんのよ！　ちょっと聞いて!!　アタシが半分やり終わる頃に、アニタは全部、スープ皿を舐めるみたいに全部やり終えてるんだから!!」といったものです。本当に癒やされます。この会話は。

コルトレーンは41年間の人生でした。彼の晩年については、まあ真面目な良い人だったんで、あまりヤバかったという風には書かれないんですが、かなり混乱の人生ですね。コルトレーンはインドの音楽家ラヴィ・シャンカールと4年間も文通していて、ラヴィに心酔していたんです。ある時やっとラヴィ・シャンカールの前で演奏してみせたら、思いっきりダメ出しされまして（笑）。

それからコルトレーンは心が折れちゃって、あっちの民俗音楽をやって、こっちの宗教団体に入って、あっちのフリーコンサートに出て。さながら宗教ジプシーのようになってしまって。そうやって混乱している間に41歳で亡くなってしまいました。

まあまあ、苛烈じゃない人生のジャズミュージシャンなんかいない。全員が手酷いもんで、あのお坊ちゃん中のお坊ちゃんであるマイルスだって、結構な目に遭ってますからね。

とはいえまあ、今日は特別な命日です。調べてみたんですが、このクラスで同じ命日だっていう例は他にはありませんでした。この二人に何か1曲捧げないっちゅう訳にはいきません。ワタシも一応ジャズサックス奏者、ジャズヴォーカリストの端くれの端くれの端くれの端くれの端くれ。もう「はしくれ」っていう音がゲシュタルト崩壊起こす程の端くれですから。この二人がどんだけ偉大で、どんだけヤバかったか、骨身に滲みて解ってます。

今日のオンエアが7月17日だって気がついてから、ずっと何の曲をかければジャストかって考えてたんですけど、結局この曲を二人に捧げたいと思います。

それはジャズとは縁もゆかりもない。コニー・フランシスというお気楽ポップス歌手の『ハワイ・コニー』というアルバムから、「フォーエバー・モア」という曲です。

もし天国にハワイがあったら、っていうか、ワタシの勘ではですね、間違いなくある訳ですけど、Lady Bとトレーンには、そこでアロハかなんか着て、ハイビスカスの花とかレイとかかけちゃって、ゆっくり、その、やって貰いたいと思います。海でも観ながらね、ゆっくりやってて貰いたいなと思いますよ。

ジャズミュージシャンの菊地成孔がお送りして参りました、「菊地成孔の粋な夜電波」。お相手は菊地成孔でした。それでは来週の日曜日にまたお会いしましょう。コニー・フランシスで「フォーエバー・モア」

〈*Forevermore*〉

I'll say aloha, for just tonight
May the stars caress you, till morning light
The sky above, will find me waiting
I'll sing to you, my song of love
Will you take my hand, forevermore
You are the love, I've waited for

I promise you, a heart that's faithful
By stars above, I pledge my love
And hand in hand, through life's door
We'll be as one, forevermore

Connie Francis
「Forevermore」
『Hawaii Connie』
MGM／1968所収

初出　TBSラジオ「菊地成孔の粋な夜電波」第14回／2011年7月17日

〔追記1〕大橋巨泉と油井正一の唯一の共著であり「ジャズ偉人伝」の歴史の中でも燦然と輝く名著『奇妙な果実』をお読み頂きたい。

〔追記2〕菊地成孔と大谷能生の、いくらもある共著の1冊であり、「ジャズ偉人伝」の歴史の中でも燦然と輝くのかどうか全く解らない『M/D　マイルス・デューイ・デイヴィスⅢ世研究』中の、コルトレーンの半生に関する部分である「神々のモーダリティ（菊地筆）」をお読み頂きたい。

Rei Harakami (1970.12.10 - 2011.7.27)

ド・ゴール空港で一度だけ

——追悼 レイ・ハラカミ

何よりも先に、レイ・ハラカミさんのご冥福をお祈り申し上げます。10年ほど前には素晴らしいお仕事をして頂き（「プレイメイト・アット・ハノイ」のリミックス）、互いにその音楽をチェックし合うぐらいの仲だったとは思いますが、具体的な知己はなく、ワタシと故人が一番長く、二人っきりで話したのは、パリのシャルル・ド・ゴール空港でした。

天候の都合でフライトが遅れ、空港内で時間を潰さなければならない。という、EUでは特に珍しくもない時間が訪れ、さてどうしようかな。サンドイッチとコーヒーでもやろうかしら。

すると、何となく視線を感じまして、気がつけば、その日本人はずっとワタシの目の前にいたのですが、若干冷笑的でありながら温かみのあるユーモリストが、あの鋭い作品を作るレイ・ハラカミだという事に、しばらくワタシは納得がゆきませんでした。名刺を頂いても尚。

うつむきかげんにシャイな自己紹介をし合い、「いやー、飛行機遅れちゃってますね」「いつ飛ぶんですかね」と言ったきり会話が途切れたのを良く憶えています。ワタシよりも8つもお若い。早すぎるとかいった常套句も口にする事が出来ません。氏の記憶をパリで留めているのは、恐らく世界中でワタシだけでしょう。

初出　「第三インターネット」２０１１年7月29日

Amy Winehouse (1983.9.14 - 2011.7.23)

絶対エンジェルになんかならない彼女へ

――追悼 エイミー・ワインハウス

今日の収録をする2日前にエイミー・ワインハウスの訃報が入りました。ワタシは最初のアルバム（『フランク』）しか知らないんで、彼女の音楽を入れ込んでガンガン聴いたって程じゃないです。でも、エイミーはオーバードーズ死ですよね。一目見れば解ります。オーバーする感じの人ですよ。あの人は。

以前の放送で、〈ヤバイ奴が二人いたとして、片方が音楽が好きで、片方は本ばっかり好きだった場合に、助かるのは音楽好きの方だ〉って話をした事があります。

そしたら、メールを沢山頂きまして。その中に「じゃあ音楽家で自殺したり、オーバードーズ死してしまう方はどう考えたらいいんでしょうか？」というシリアスなメールがありました。

その時は番組の中では読めませんでしたけど、回答させて頂きます。今から言う事は、そりゃ詭弁だろって言われたらもうそこでおしまい。ロジカルにはお手上げですけどね、ただ、絶対に間違いない。エイミーは音楽が、歌がなかったら絶対にもっと早く、とっくに逝ってますよ。目の濁り方と澄み方が尋常じゃないです。

亡くなった方をディスるつもりは全くありませんけど、あれは懐かしい顔ですよ。銚子にいっぱいいました。あの感じは。ワタシが最初にオーバードーズ死を目の前で見たのは、高校の教室だったんですよ。

前の席に座っている奴がいきなりバーンって倒れたの。倒れて口から……あの……魚を釣り上げると口から浮き袋が出てたりするじゃないですか。ああいう感じで、何か白いの出てんなって思ったら、脳漿《のうしょう》だったんですよ。血じゃなくて。

トルエンね。トルエンって有機溶剤ですから、組織を、カルシウムなんか楽勝で溶かしちゃう。それで溶けちゃった。「舌の先で顎の天井に文字を書く」って言うでしょ。あの天井が崩落した訳。まあその前に、脳を格納してるあの席の底に穴があいて、目の辺り通って、っていう長い道のりはあったと思いますけど、その間、ぎりぎりで生きてて、たまに登校までしてたんだけど、とうとう貫通したの。バッコーンって横倒しに倒れたんで、うわ！　頭打った！　と思ったんですけどね。そういうレヴェルじゃなかった。

そいつはあんまり音楽聴く奴じゃなかったですけどね。何れにせよ早く逝く奴は逝っちゃいますから。27でしょ、エイミー・ワインハウスは。

ワタシは「ゴシップ」っていう雑誌を読むの凄い好きなんですが、エイミー・ワインハウスはもう常連でしたからね。歌とかライブとかほとんど知らないまま、「あ、今回もエイミー・ワインハウスが出てる」って思って読んでました。ただ、もう目を見れば解ります。あれは悪い目ですよ。良い意味でね。だからとても好きでしたけどね。残念であると同時に、まあ仕方ねえなって思います。再び、詭弁ですけど、歌があったお陰で27までは生きたんだな、と思おうと思います。

彼女に1曲何か捧げたいなと思って探してみました。あのね、ピンクだとかアギレラだとかはいい子ですよ。全然。顔を見れば解るもん。普通に真面目に仕事を出来る人じゃないですか。でもエイミーはヤバいですよね。

オーバードーズ死する時は、体が本当に熱くなるという都市伝説があるのね。それはドラッグを抜く時に物凄い寒くなるという、所謂コールドターキーの反対なんです。そこからの類推で、オーバードーズの時は熱くなるんだっていう話があるんですよ。まあ、ワタシは童貞な上に麻薬のマの字も知らない真人間ですから、一切経験ありませんけど（笑）。ただ、ワタシは以前に壊死性リンパ節炎という重病になった事があって。これは熱が42度から35度まで、激しく上がったり下がったりする病気です。42度以上になると脳が壊死するってんで、肛門から静脈から熱冷ましを入れるんです。これで熱が上がったり下がったりしている間に、体重が34キロになりましてね。一番のデブ期には98キロだった男が34キロまでいったんです。見舞いに来た友達がニコニコして帰るんだけど、ドアを閉めると慟哭が聞こえるっていう。完全にワタシの事死ぬと思って泣いていたんです。

そういう病気だった事があるので、まあ、気持ち解るよ、とは言いませんよ。言いませんけど。その時の灼熱、サハラ砂漠の灼熱と北極を行ったり来たりするような気分は、一生忘れられないと思います。その体験を経由して選曲してみました。

選んだ曲はクリスマスソングです。今真夏ですけどね。彼女、熱かっただろうから、まあクリスマスの曲でも。しかもレゲエバージョンです。レゲエクリスマスなんて世の中にいっぱいありますよね。その中からザ・シマロンズの「サイレント・ナイト」。普通に「きよしこの夜」ですけど、レゲエバージョンを選びました。彼女が天国なんか行っちゃったら、急にいい子になっちゃって、ヒラヒラのベールみたいなの着ちゃって。頭に輪っかが付いて。了見変わっちゃって。天国に行ったらエンジェルになっちゃった。なーんてことにならない事を祈りますよ。向こうに行っても、相変わらずドア開けた奴を毒づいてね。もしワタシのこの選曲が気に入らなかったら、何かヤバいもんがいっぱい入ったチョコレートシェークかなんかを頭からぶっかけてくれる事を祈っています。

エイミー・ワインハウスに捧げます。ザ・シマロンズの「サイレント・ナイト」「ホワイト・クリスマス」のメドレーです。温くなった缶ビールをプシュっと開けて、この曲で踊ろうじゃありませんか。彼女のために。皆さんの一番悪かった女友達の事を思い出しながら。ね？

さて、「菊地成孔の粋な夜電波」。お別れの時間になりました。お相手は菊地成孔でした。レスト・イン・ピース、エイミー。お前に似た奴を、みんなが知ってる。つまり、みんなが何かを思い出してるって事さ〔追記1〕。

The Cimarons
「Silent Night /
White Christmas」
V.A『Reggae Christmas
Collection』
Sanctuary / 2005 所収

初出 TBSラジオ「菊地成孔の粋な夜電波」第16回／2011年7月31日

〔追記1〕２０１４年、彼女がブレイクスルーしてから亡くなるまでのドキュメンタリー映画『AMY』が製作された。日本公開に関しては未定。

George Yanagi (1948.1.30 - 2011.10.10)

総ての港町から天国へ

——追悼　柳ジョージ

ＬＥＤに照らされた近未来という、厄介なあなたのオフィスで。どこかに文句があるものの、一体どこに文句があるのかまだ解らない、バーのカウンターで。昭和の残り香がむせ返るほどの、純喫茶のコーヒーカップの前で。愛を確めるにはやや不十分な、恋人の裸体の上で。台北、或いはロンドンに向かうリージェント・セブンシーズの豪華客船の温水プールの中、濡れたイヤホンでお聴きの、目的も名も知らぬ戦場へ向かうジープの中、１９９０年製の通信機でお聴きの、カーディガンを羽織っただけで突如訪れた凄まじい幸福感に思わずスキップしながら国道沿いでお聴きの、即ち混迷の現代を生きる、総ての紳士淑女の皆様、あなただけ今晩は。お気に入りのリカーのご用意はよろしいでしょうか？

こちら東京月の青さは帝都随一、芸者さんも小走りの港区赤坂、開局60周年を迎えたTBSラジオ第8スタジオより年齢、性別、国籍、職業、宗教、階級そしてあらゆるセクシャリティの差別なく音楽をお届け致します「菊地成孔の粋な夜電波」。ただいまより2時間に亘り、皆様のエレガントな、そしてクールでクレイジーな、血に飢えたフライデーナイトの始まりを告げるフライング・ラウンジのバーテンは不肖ワタクシジャズミュージシャンの菊地成孔、お聞き頂いております番組テーマ曲は1961年に無重力のニューヨークで録音されましたジョージ・ラッセル・セクステットによる「リディオオット」、泣き叫ぶサイエンスフィクショナルなアルトサックスはベルリンで亡くなった、腹を減らした土星人エリック・ドルフィーです。

先週からの予告通り、本日はスペシャルウィークのスペシャルゲストとして、ある時はライトノヴェルの始祖、ある時はラヴクラフト愛好者、そしてまたある時は遠藤周作氏と並ぶ園まりファン、しかしてその実体はワタクシの実の兄だという小説家、菊地秀行先生をお迎えしてお送り致します。題しまして「特集／菊地兄弟の感受性を形成した音楽」。本日ケースに並んでおります食材は、

ビクター・ラテン・オールスターズ、デートコース・ペンタゴン・ロイヤルガーデン、宮間利之とニューハード・オーケストラ、菊地成孔ダブ・セクステット、谷啓と東芝レコーディング・オーケストラ、そして園まり

ですが、当番組フリースタイル・スピニングの完全生放送でお届けしております故、コースをフィクスするのは、お聴き頂いている、そして録音頂いているリスナー皆々様からのヴァイブス次第、全部の食材が皿に載るとは限りませんので、予めご了承下さい。それでは、我が国の娯楽の殿堂、金曜夜の8時へようこそ。来るべき世界、そしてその前に確実にやってくるあなたのウイークエンドが、殺気立って派手な、濃厚で退廃的な、そして現代文明の恵みによる栄養満点なものとなりますよう。それでは参りましょう。

＊

と、本日いきなりですが1曲目は特集からアウトしまして追悼です。今月10日に、歌手の柳ジョージさんが63歳で亡くなりました。直接の死因は腎不全ですが、酒豪で知られる故人は、長年に亘り肝臓と膵臓の病と闘っていたそうです。その音楽はサザンブルーズと歌謡ロックの絶妙なフュージョンでしたが、口うるさいブルーズの右派ピュアリストにも多くの愛好家が存在しました。地理的な構造から、河川と港湾が多くの街に存在する我が国に於いて、川と港と港町をアイコンとした音楽は、アメリカのそれとは全く別の、集合無意識的な発達を遂げたと言っても良いかもしれません。〈涙雨〉〈男泣き〉という昭和の概念自体が消え失せようとしている現在を象徴する様なこの訃報に対し、不束ながら自らの曲をスピンする事で追悼とさせて頂きます。

この曲を作曲している間、ワタシの脳内を守護天使として飛び交っていたのはオーヤン・フィフィの「雨の御堂筋」、フェラ・クティの「ゾンビ」、そして、柳ジョージとレイニーウッドの総ての楽曲でした。今宵、金曜の夜たればこそ、数少ない、本物の日本人ブルーズメンの死を、共に悼み、ホトトギスならずとも、ひと泣き参りましょう。デートコース・ペンタゴン・ロイヤルガーデン2003年のアルバム『構造と力』より「構造5　港湾と歓楽街の構造」。銚子であり、横浜であり、八戸であり、博多であり、神戸であり、敦賀であり、小名浜である、総ての港町から天国へ。カスミけぶる彼の地でも、彼のしゃがれ声とストラトキャスターが多くの神々の目を潤ませ、鼻を詰まらせますよう。

Date Course Pentagon Royal Garden
「構造5（港湾と歓楽街の構造）」
『Structure et Force（構造と力）』
Pヴァイン / 2003 所収

初出　TBSラジオ「菊地成孔の粋な夜電波」第27回／2011年10月21日

Danshi Tatekawa (1936.1.2 - 2011.11.21)

立川談志死す

本日は一日中、ユニヴァーサルのスタジオでDCPRGのアルバム編集作業をしておりまして、

（中略）

そんな中、立川談志氏が亡くなりました。ワタシは誰かが死ぬとサイトに追悼文を書いて、それがいちいち面白いから追悼文だけの本を出さないかと出版社から話が来るというタチの悪い男で、文筆家の端くれとして我ながらそれもどうなんだと思わないでもない、といった所でしたが〔追記1〕、とにかく人にはいきなり死ぬ人とじわじわ死ぬ人がいて、立川氏は典型的な後者でしたので、訃報を受けても「ええ!?」というよりも「やはりとうとう」という心持ちの方も多かったのではないでしょうか。ワタシもそうでした。

しかしこの「やはり」というのはワタシにとって（だけではないと思います）二重でして、というのもワタシ最初にこの人をテレビで見た時——5〜6歳だと思うんですが、沖縄政務次官騒動よりも前です——ガキの勘という奴ですね、「ああ、この人は今凄く嫌われているな。頭が良すぎ、欲求不満やアンビバレンスが強すぎるのだから仕方がない。でも、きっとやがてこの人は、本当は良い人で、みんなに愛される人だという事になって死ぬに違いない」と、言葉に翻訳すると大体こうした具合でしたんで、この「やはり」は数十年がかりだったという訳です。

ワタシは多くの人々と同じ様に、昭和には故人が危ない発言や行動をするたびにハラハラしたりイライラしたりしていたのが、同じ事が平成になるとホッとするようになりました。

〈完全に愛されたら死ぬぞ談志。自殺願望さえ押さえつけられたままで〉と思っていたからでしょうか。しかし、ホッとしたりする等という事自体、そもそも愛する外野の営為であって、つまり結果愛している訳ですから、こんな絵に描いた様なアンビバレンスはありません。アンビバレンスが一貫性を磨き上げた人生。などとまとめのようなコメントは、故人に対してだけでなく僭越に過ぎるというものですが。

悲痛、黙禱、というよりも遥かに、欧州のサーキットで国境線を越えた気分です。フランスに入った時から、ベルギー国境をまたぐ事は分っていた。「あ、今、超えたね。パスポートは。あ、いいのか、最近は。東西分断ベルリンの頃は、おっかなかったねえ」そんな気分ですね。上手い説明になっているかどうか、甚だ疑問ですけれども。

これが、志ん朝亡く、小さん亡く、円楽亡く、そして噺家であらずとも、青島亡く、植木亡く、谷啓亡く、平岡正明亡き世だからなのか、ワタシの内部に何らかの変化があったか、その両方なのかは良く判りませんが。

故人の人生の、奇妙であり、また典型的でもあった苛烈さには惚れ惚れする思いです。あのやんちゃで利かん坊な輝く目こそは、苛烈さの中で眠れない目の輝きです。オマエそれはアクロバティックすぎねえかという誹りは承知で言いますが、マイルス・デイヴィスの目と故人の目はちょっと似ています。

両者とも、粋なスイートミュージックを愛しながら、その表現は苛烈でした。故人が死ぬまで認める事のなかったコント55号の坂上二郎氏が震災の前日に亡くなり、故人が震災の直後に気管切開の手術を受けて声を失う――つまり、立川談志でなくなってしまう――という凄まじい剝奪を受けたまま八ヶ月生き、一門にもその死を隠したまま亡くなった。という事実の、あまりの苛烈さは、熱すぎるサウナにでも入った様な気分にさせられます。

苛烈な人生だった人が死ぬと、お疲れさまでしたと言いたくなる所なのに、全くそういう気が起こらない。享年75、我が国で最も日常的な放射能の値が高かった1963年に真打ち昇進、2011年に喉頭ガンで没。出来過ぎな社会批判でもあり、全然そんな事とは無縁でもある。冥福を祈るなんてなあ無粋というものでしょう。そこにはただただ、故人に複雑に屈折させられた、愛があるのみ。

初出　「第三インターネット」２０１１年11月24日

〔追記1〕言うまでもないが、本書の事。

ラジオではアイウエオ作文で
——立川談志2

さて、お別れの時間が近づいて参りました。本日の締めの曲です。最近サイトに追悼文まがいを書きまして、サイトで書いたばかりの事をラジオですぐ使い回すなんてえのはワタシは潔しとしないんですが、今晩だけはどうかご容赦下さい。立川談志さんが亡くなりました。

この方が強面で難しい人だけれども、本当は優しい良い人で、いろいろと葛藤があって外側がひねくれちゃって喰えないタイプだから、若い頃はいろいろと嫌われたりもしたけれども、実際は大変な家族思いで愛妻家で、お弟子さんにもお仲間にも慕われて。結果として愛されキャラとして、安心して善人だと思っていい。というような国民的なコンセンサスが取れたのは実際そんな昔じゃないと思うんですよね。ここ10年ぐらいでしょう。

ワタシがこの方を最初にテレビで見たのは、確か幼稚園とか小学1年生の頃じゃないですかね。40年近く前で、沖縄政務次官の事件の前でしたけど、そらもう大変なインパクトで、晩年とは比べ物にはなんないピカピカの、惚れ惚れするような危なっかしさがありました。

もうインチキ、インチキ、インチキ。もう本物、本物、本物というね。今でも憶えてるのは、この方がテレビにバンと映って、あの伝説の身振り手振りでもってですね、見てるこっちを穿《ほじく》り出そうとしてワーッとまくし立て始めた瞬間に、ワタシのお袋が顔を歪めまして「アタシ、こいつ、大っっ嫌い！」って言ったんですよ（笑）。生まれて初めて見た、嫌われキャラです。大橋巨泉さんとどっちが上かって感じですかね。

巨泉さんは「ゲバゲバ」の頃から今に至るまで同じ事言ってます。「7割が巨泉大嫌い。3割が巨泉大好き。ぐらいが一番クリエイティブでいられるんだ」。

未だにこのバランスを保ってますよね。すげえダンディズムだなこの人と思います。でも同じ嫌われキャラでも、巨泉さんは一番シンプルに言えば大人ですからね。

ワタシ今でこそバカになっちゃいましたけど、当時は異様に利発な子でね。勘が良かったんです。テレビでこの方見ながらお袋がね、「こいつ大嫌い！」なんて言うのを聞きながら、こうやって腕組みなんかして考えてたんです。現在のボキャブラリーに翻訳すれば、こんな感じですよ。
「ああ、この人は凄く嫌われているな。頭が良すぎて、欲求不満が強すぎて、アンビバレンスにもがき苦しんでるのだから仕方がない。自分はこの人が言ってる事が嘘にも真実にも聞こえるぞ。落語をやってるのも見たけど、落語を聞いてる気が全くしないぞ。でもとにかく、きっとこの人が死ぬ時は本当に良い人で、みんなに愛される人だという事になって死ぬに違いない」。

何かそういう勘が働いたんですね。

ちょうどガン告知された事をお医者さんと一緒に会見して、洒落のめしたので有名なあれから5、6年経ってからですかね。どんどん日本人がこの方を安心して愛していいキャラとして認め始めた。

その時はね、「やめろ日本人！」と思いましたね（笑）。「死んじゃうよ」と。「やめろ談志。談志も談志だ」とさえ思いましたからね。

でも世間てえのは船みたいなもんで、舵切っちゃうともうデッキで誰かが「曲がれ、曲がれ！」

って叫んでも戻れやないんですよね。やっぱりなと、ガキの頃のワタシが大体40年越しで思ってます。「やっぱり愛されて逝ったな」と。

勿論知己は全くありませんよ。テレビで見た記憶だけです。ただ、一昨年ぐらいに、ワタシは『花と水』というアルバムを銀座のスタジオで拵《こしら》えたんですけど、南博さんという、これまたモダンで粋な方と二人で作りました。ピアノとサックスだけでね、ジャズの茶道、華道、書道、みたいなアレだったんですけど、それでスタジオ録音を終えて外に出たら、いきなり立川談志が立っててね。

バンダナを巻いて腕組んで、ジーッとこっち見てたんですよ。ヤバいヤバいと思ったら、どうやらこっちじゃなくて。そこのスタジオの1階が喫茶店で、ランチ定食生姜焼き・日替わりみたいなのを出すような所だったんですけど、そこの定食サンプルを、ジーッと見てたんです（笑）。

あの目でね、ジーッと定食のサンプルを見てたんですけど、二人でホッとしまして。そこを離れたら南博さんがスーッとこっちに来て「なあ菊地くん。さっきの、足あった？」って言ったんですけどね。それが直接お見かけした最初で最後です。

まあ世の中ってのはどっちかって言うと好かれるばっかの人と、嫌われるばっかの人と、好かれたり嫌われたり忙しいなお前も、という人とがいる訳です。

この方が3番目だったのは言うまでもないですけどね。ワタシもどっちかと言えば3の線ですからね（笑）。うっかりパソコンなんか開くと「菊地胡散臭え信用出来ねえ大嫌い」とか書いてあって、良く知りもしねえくせにバカこんちくしょう。助かるぜ、と思う訳ですけども（笑）。

でもまあ昭和と今とじゃ全く違います、嫌われるにしても好かれるにしても迫力が。今なんて表に出る人は、ネットのお裁きで全員3番目の線ちゅうわけで、言っちゃあそんなもん、ぬるぬるのぬるぬる坊ですから。

この方は苛烈な人生でした。あのやんちゃで利かん坊な輝く目こそは、苛烈さの中で眠れねえって目の輝きですよ。テメエの眼光が眩しいんでえ。ってトコでしょう。

愛さずにはいられませんよね。散々複雑に捻じ曲げられちゃいましたけど、曲げ続ければ、最後にそれは真っ直ぐだという、ありきたりな形のね。

今日は、この最後の曲だけじゃないんですよ。さっきまでにお聴き頂いた曲、と言ってもいっぱいかけたんで憶えてないでしょうけども、ちょっと思い返してみて下さい。

先ず、タッド・ダメロン、カーリー・ラッセル、ワーデル・グレイが参加しているアルバムで小粋なのかけたじゃないですか。タッド・ダメロン、カーリー・ラッセル、ワーデル・グレイ。解りませんかね？　その次がテディ・ホーソンですね。解ります？

要するにアイウエオ作文だったんだっていう事ですね。ちょっと順序が違っちゃってるんですけど、「タ・テ・カ・ワ」っていう。

これでドロシー・ダンドリッチとカウント・ベイシーの共演盤があったら「ダン・シ」まで全部揃ったんですけど、さすがにそれは野暮ったいすからね。っていうか、盤がなかった（笑）。

「1曲で、タ・テ・カ・ワが揃う」のを4時間ぐらいかけて探したんですけど、残念ながら「タ・テ・カ・ワ揃い踏み」は1トラックも探せませんでした。勉強不足です。修業し直します。

まあアイウエオ作文は上方の大喜利の主題ですからね。この方そういうのがお嫌いだったという事は、承知の上でこっそりやらして頂きましたけれども〔追記1〕。

オンエア終わったら花園神社の三の酉に熊手買いに行きます。パーティーなんかがお好きだったようですから。この国のヘンテコなクリスマスなんかも、なんだかんだで文句タラタラお好きだったんじゃないでしょうかね。あのヘンテコな三角帽子被っておどけてる所が目に浮かぶようでもあります。お棺には、何とお気に入りのぬいぐるみが入れられたという人ですから。去年のクリスマスにご本人、そして周りの人々が何を思ったのかな、なんて考えるとね。なので、ちょっと旬には早いですけどもこの曲を選ばして頂きました。11月になったらもうツリー点灯ってのは、少なくともニッポンのクリスマスという意味では全然粋じゃねえ。それでも、です。

それでは今夜は最後にこの曲を。歌詞も全部訳したんですが、この曲は一番いい所でこう言います。「1歳から92歳までのすべての神の子達に／ありきたりの言葉だけれども今年もこれを捧げます／メリークリスマス」

では本日最後に噺家・立川談志さんに捧げます。メルトーメで、「ザ・クリスマスソング」。

Mel Tormé
「The Christmas Song」
『My Kind of Music』
Verve / 1961 所収

初出　TBSラジオ「菊地成孔の粋な夜電波」第32回／2011年11月25日

〔追記1〕長寿番組「笑点」のタイトル考案（当時の人気ドラマ「氷点」のもじり）と、大喜利の初代仕切りが故人だった事は有名。故人は江戸前にこだわり、ＴＶ向けに上方大喜利のネタを入れる事の拒否を始め、あらゆる放送作家の介入を拒み、あっという間に番組を降板する。フロイド理論で言う所の、典型的な第３項の排除と言えるだろう。「笑点」が現在でも健在なのは言うまでもない。

Masayuki Kawakatsu (1956.11.21 - 2012.1.31)

川勝正幸氏逝去

友人であり、日本一のポップ中毒患者である川勝正幸さんが亡くなりました。午後いちで報を受け、誤報だと信じて事実確認をしていたのですが、さきほど間違いないと判り、キーパンチしています。

言葉を失っています。あの野郎が言葉を失ったぐらいだから。という風にご解釈頂ければ、と思います。今週の「粋な夜電波」を川勝さんに捧げます。

〈番組企画変更のお知らせ〉

「菊地成孔の粋な夜電波」のリスナーの皆さん。次回2月3日のオンエアは〈節分特集 恵方巻ジャズ〉の予定でしたが、急遽取りやめ、番組2時間総てを、亡くなった川勝正幸さんに捧げる事にします。

そこで、皆さんにお願いがあります。川勝さんに関するメッセージや思い出を番組に送って頂きたいのです。普段は――冗談とはいえ――「進行の妨げになるから、面白いメールは禁止」などと言っている口で言えた義理ではないのですが。

当日は、音楽と、皆様からのメッセージだけで番組を構成させて頂きます。川勝さんの残された膨大かつ偉大なワークスを台本にまとめたり、川勝さんとの個人的なエピソードを昔話の様にマイク前で話したりする事はワタシの能力外にあります。お力添えを頂けると幸いです。

つまり、こういう事です。大変に僭越ではありますが、当日の番組終了までに頂く皆様からのメールと、ワタシの選曲（これはもう終わっています）した音楽をもって、当番組から川勝正幸さんへの献花とさせて頂きたいのです。

関係者／所謂有名人の方、そうでない方、ワタシとの知己の有無。といった分け隔ては一切設けません。番組で、ワタシが選んだ音楽に乗せてワタシが読む。という事をご了解頂いた上で送って下されば、どなたからの如何なる内容でも受け付け、可能な限りご紹介させて頂きます。

但し、献花ですので（大体）１０００文字以内。とさせて下さい。しつこいようですが、弔電ではなく、献花ですので、それが手向けの花でさえあれば、内容はギャグでもシリアスでもナンセンスでもセンティメントでも何でも結構です。それではオンエアにて。

初出「第三インターネット」２０１２年１月31日

川勝正幸ラジオ葬

——川勝正幸2

お寒うございます。あなただけ今晩は。「菊地成孔の粋な夜電波」のパーソナリティの菊地成孔です。

さる1月31日未明、エディター、偉大なるポップホリークの川勝正幸さんが亡くなりました。本日は節分ですので、「恵方巻ジャズ或いはジャズ恵方巻、逃げていけ、赤鬼、青鬼、透明鬼」をお送りする予定でしたが、番組内容を急遽変更させて頂き、スペシャル番組として番組全体を川勝正幸さんに捧げたいと思います。

当番組のみならず、これは図らずもですが、このあと22時よりオンエアされます大根仁さんの

「Dig」も、ゲストに川勝さんにゆかりの深い方々がお集まりになって、故人を偲ぶという内容になっておりますので、こちらも併わせてお耳を拝借頂ければと思います。今夜の「Dig」が愛とユーモアとパンクスピリッツに溢れた特別な回になる事を信じています。

故人を知る総ての方々から多大なる同意を頂けると信じて疑いませんが、ワタシは未だに川勝正幸さんが亡くなったのだという事実を受け入れきれずにおります。何よりの証拠には――これはあまり良くない証拠ですが――訃報を受けてから今現在に至るまで、ワタシには悲しみの感情がありません。

後でドサっとまとめて、或いはゆっくりと少しずつ実体を現す筈です。じっくりと付き合おうと思っています。

川勝さんが残された非常に豊かな、「豊かな」というのも陳腐な程の、我が国のポップカルチャーに於ける――信じ難いほど多岐に亘る、しかもナチュラルで、しかも非常にジェントルな――業績を履歴書の如くまとめて紹介するなどという大それた事はワタシには到底不可能です。川勝さんとの個人的な親交に関して、昔話のように懐かしくマイクの前で話すという事も、少なくとも今現在のワタシには不可能であります。これぞ「無理」という奴ですね。

何事もなかったかのようにいつものように番組を行う事が、この番組を初回から欠かさず、熱烈に聴いて下さったリスナーとしての川勝さんに対するベストウェイである事は良く解っています。良く解っておりますが、これはラジオパーソナリティとして大変お恥ずかしい限りなのですけど、今回台本がほとんど何も書けませんでした。先ほど申し上げた、川勝さんが死んだと思っていないという、一種の解離ですね。その症状の一つだと思うんですが、全くと言っていいほど無力になりまして。そういう訳で、それをもって当番組からの献花に代えさせて頂きたく、皆様から川勝さんへのメッセージや思い出などを送って下さるよう、力添えをお願いした次第です。

今、目の前に沢山のメールがあります。現在の気持ちは、そうですな、「幸福の黄色いハンカチ」のラストシーンの倍賞千恵子のそれとかなり近いのではないかと思います。本当に有り難うございます。しかし、放送時間内に総てを読む事は不可能である事は、今日スタジオに入った瞬間から明らかでした。

予めお断り申し上げますが、せっかくお願いして頂戴したにもかかわらず、番組内で読めなかったという無礼があった場合、どうかお許し下さい。場合によってはボーっとしてワタシ一通も読めないかもしれません。本当に申し訳ありません。今回ばかりはその、自分のコントロールが出来ません。もし知己ある方々からのお便りを読み残した場合ですね、ワタシ「Dig」のスタジオに直接行き、大根さんに託します。それはお約束します。

川勝さんとの思い出話は8年間分程度はあるんですが、一点のみ。ワタシは欲深く育ちが悪く、女共に魔法をかけられているので、やりすぎるくらい仕事をしてしまいます。

ちょうどワタシが歌舞伎町に越してきた頃に、初めて川勝さんにお会いして、お亡くなりになるまでのこの8年間。一個人にはフォロー不可能と一説には言われる所の、ワタシの総てのライブ、総てのイベント、総ての著作、総てのブログ、総ての媒体への露出を、総て自腹でおさえた個人は地球上で川勝正幸さんだけだったのではないかと思います。

何度一緒に対談イベントをやったか、何度一緒に飲み喰いしたかは勘定出来ません。そんな川勝さんが、当人であるワタシが見てもはっきり解るほど、まあ癪に障る程と言ってもいいかもしれませんが、無邪気に、最も熱狂的に愛して下さったのがこの番組でした。

「久しぶりでラジオ番組で感動しました」とか言われちゃったワタシの心は、もう少女のようでした。

ワタシはそのこの番組で自分が川勝さんの追悼をしているという事が今でも信じられません……（かなり長い間）……放送事故になるといけませんので、ただいまより番組終了までの間、ノンストップで音楽を流し続ける事にしました。選曲の方は何だかこうふーっと導かれるように出来てしまいまして、まあ、例によって、例の如く、音楽だけがワタシを普通に動かしているようであります。

あっちがかかって、こっちがかかからねえのか、という事態を招いては無粋ですので、川勝さんが具体的に関わった川勝さんゆかりの音源は、自分関係も含め、総て控えさせて頂きました。しばらくの間、そういった音源はあらゆるラジオ、あらゆるブログが世界中に召還し、呼び覚ますでしょう。また、リンチ、バダラメンティ、ゲンズブール、デニス・ホッパー周りといった、川勝さんがお好きだという事を公言されていた、如何にも川勝さんって感じの音源も、総てカットさせて頂きました。それはワタシの役回りではないと思っています。

これは川勝さんとのお付き合いの中で一度も申し上げた事がありませんが、川勝さんは50代を目の前にして、今まで自分が築き上げられた膨大なポップカルチャーの教養、その外側にある自分が知らない事……まあ、金の鉱脈ですね。ジャズという、その金の鉱脈と今まで自分が培ってきたものを繋ぐパイプの役割をする奴が現れた。そうワタシの事を思ったんじゃないかと思っています。もし違ったら、川勝さん、「違います」と言って下さい。もし、合っていたら、またいつもの通り、ニタっと笑って下さい。

それでは先ず最初に、1928年に作曲されたオリビエ・メシアンのオルガン曲「天上の宴」

のメシアン自身による自演と1974年にマイルス・デイヴィスがデューク・エリントンの訃報を受けて作曲した「ヒー・ラブド・ヒム・マッドリー（彼は彼の狂気を愛した）」という曲のミックスを4、5分間だけ聴いて頂いて、コマーシャルに入ります。メシアンとマイルス。片や熱狂的なキリスト教徒が作ったかなり具体的な神々の宴。片や自らを神と信じていたとしてもおかしくないであろう無宗教のエゴイストが作った、あらゆる宗教儀式の中の弔いのイメージを混濁させたファンタジー。このシンメトリックなミックスをお聴き下さい。粛々としたサウンドはこの最初の5分間のみです。

（5分後）

TBSラジオより全国にお届けしています、「菊地成孔の粋な夜電波」。第42回を、川勝正幸氏とご親族に捧げます。音楽は通路を選ばず届く、総ての死者に。どうか皆様、様々な気持ちと、お好みのリカーと共に、上を向いてお聴き下さい。コマーシャルです。

（約2時間後）

Olivier Messiaen
「Le Banquet céleste
（天上の宴）」
『Par Lui-Même』
EMI / 1992 所収

Miles Davis
「He Loved Him Madly
（彼は彼の狂気を愛した）」
『Get Up With It』
Columbia / 1974 所収

本日、終わり方を考えておりませんでしたので、このまま音楽を垂れ流しにして終わろうと思います。川勝さんには当然届いていると信じます。今総数203通のメールを頂いております。総てに目を通させて頂いております。しかし、ワタシが読み終えたのは200通に満たないのではないかと思います。

今回はさながら読み上げマラソンのような様相を呈して参りました。これだけメールを読んでもまだ、ワタシ個人から川勝さんに直接かける言葉は見当たりませんし、口に出来ません。ゆっくりと時間をかけて、自分の中で、自分と向き合い、川勝さんが亡くなったという事実を完全にライド出来るようになってから、何か喋ったり書いたりしようと思います。

ジャズミュージシャンの菊地成孔がお送りして参りました、「菊地成孔の粋な夜電波」。そろそろお別れの時間です。それではまた来週金曜8時にお会いしましょう。お相手は菊地成孔でした。

初出　TBSラジオ「菊地成孔の粋な夜電波」第42回／2012年2月3日

弔い、そして仕事
——川勝正幸3

昨日「川勝正幸さんお別れの会」が青山葬儀所で行われまして、生まれて初めて弔辞なるものを読ませて頂いて、会場は日本最大のサブカル葬といった面持ちで、大変な数の方々がいらっしゃったのですが、ジャズシーンから来ていたのはワタシ一人だけという（スカパラさんというジャズ界と同盟関係にあるチームが居たので、そして、ワタシの弔辞の前がスカパラの演奏だったので、大分助かったのですが）鉄板アウェイの中、ワタシの不格好な弔辞さえ除けば本当に素晴らしい会で、中でも特に野宮真貴さんの歌と、ヤン富田さんの演奏は、もう、ちょっとこれは、どうかしてる、というぐらいの素晴らしさで、神懸かりとはああいうものを言うのである。

あとは、青山という地霊のなせる技なのかどうか、はっぴいえんどはやっぱハンパねえなという、ワタシのすぐ隣に松本隆さんと細野晴臣さんが数分間おかけになっていたのですが、ただおかけになっているだけでそれはもうとてつもないオーラで、ちょっと耳打ちして喋ってるだけで昭和政治の巨魁。みたいな絵面で、そこにいる錚々《そうそう》たる面々を総て親戚のガキみたいにしてしまった訳ですが、これに比べたらジャズ界というのは本当に、ご隠居から与太郎まで長屋の花見です。

忘れもしない昨年の夏、ダブ・セクステットがツアーに出ようという前日に、我々の仲間であった臼庭潤というテナーサックス奏者が亡くなった。葬儀はもう10代から70代までのジャズ関係者大会で、みんなで落ち込んだり笑いながら、ナイスガイから始まり、嫌な奴、忌々しい奴、癪に障る奴、どうでも良い奴、バカ、キチガイ、嘘つき、ろくでなし、裏切りモン、こういった相互的な配置が、それでも総て結局だらしなく、全員がジャズメンという仲間で、全員が泣けるほど大切な大切な友達ばかりでして、当時、お酒を止めていらした南博さんが、「いやあ菊地くうん、今日ばかりはまあ、こういう場だからな。しょうがねえかな（微笑）」等と言いながら、実に嬉しそうに手酌でビールを注いでいるのを見るに、臼庭の霊もシリアスにならず、スインギーに浮かばれたに違いないと思うばかり。といった有様。

とはいえまあ、当たり前の事ですが、弔っても弔っても心中の喪ちゅうのは簡単には明けませんで、一夜明けて今朝も、起きるなり「ああ、川勝さんがいねえんだな」と思いながら歯を磨き始めまして、ゴシゴシやりながら「ああ、好かれて愛されて死にたくねえな。憎まれてどうでもよくなって忘れられて死にてえもんだ」と思わずにいられぬ程の巨大な喪失感、沢山の皆さんが悲しんで悲しんで、本当にこの東京という街は図体のでかいニヤニヤした髭面の天使を失った。伊藤俊治先生も仰っていたけれども、そもそもトゥイタリングというのは高周波に位置する小鳥のさえずりの莫大な集合であって、古来天使というのはそれを上空で総て聞き入れてくれた。その天使がいなくなってしまったら、莫大なトゥイタリングの塊は、CO_2のように成層圏にどんどん滞留するばかり、やがて生態系に影響を。と、柄にもなくエコロジカルな用語を使っちゃったりして。

それはともかく前述の、ジャズ界が長屋の花見でいられるというのは、これはやはり「老人が老人として現役でいられる」という構造によるものでしょう。ポップカルチャーの最大のミッションは老いと死の隠蔽でしょうから、川勝さんが図らずも残されたメッセージはとても重く――それはもう、挑発的とすら言って良いと思います。老いや死から逃れるための自死だった場合、それは老いや死の隠蔽を帮助する訳なので、ポップカルチャーに一撃は与えません――東京のポップカルチャーは、この痛烈な一撃を乗り越えて行かなくてはならない。

過酷だなあ。「去年は凌ぎ、本当の闘いは今年からだ」等と申し上げて来たが、ポップカルチャーが実際にそうなってしまった。しかし、列席されている素晴らしいアーティストの皆さん（どなたが、どなたが、等と列記し始めたらキリがないほど沢山。皆さんがとても清潔で、シャイで、ワタシのような信用ならぬエイリアンにとても親切にして下さいます。嫌な奴だの、バカだの貧乏臭いだのが一人も居ません）が必ずや乗り越えると、ワタシは信じています。ワタシは本籍はジャズ界においてますので、ピットインの店長、藤井フミヤ似でおなじみの鈴木カンちゃんと魚民に行かなければならない（魚民のBGMはモダンジャズなので）、そこで竹野昌邦さんがジョー・ロバーノなんかよりも遥かに凄いのだ、もし竹野さんをノックアウト出来る人類がいたらそれはブランフォード以外にない、という話を最低でも3時間しないといけない。等々の過酷なミッションも悠々とこなしますが、片足ぐらいはポップにおいておりますので（この点のみマイルス主義）、ささやかながら出来うる限りの事はします。

と、現在、DCPRGのレコーディングが大詰めに差し掛かっているというキワキワの状況下、もうひとつ別の大仕事をしていると前回申し上げましたが、更にそれと別に、これはもう贅沢極まりないアルバイトといった風情ですが、ワタシが唯一関わる事が出来るマンガカルチャーという事で、現在、吾妻ひでお先生の選集を製作しております（4月刊行予定）。山本直樹氏による第一弾に次ぐ、第2弾という恰好ですので、アズマニアの皆様に於かれましてはお楽しみ&お手柔らかに（笑）。よろしくお願い致します。

渋谷慶一郎さんと太田莉菜さんのコンビによる「サクリファイス」も発売になりました。ワタシは渋谷さんと連名で作詞にクレジットされていますが、スパンクスのように全部ガチっとワタシが作詞したものではなく、作業内容としては、ワタシはワードとラインを量産して、渋谷さんがそれをエディットされた。といった感じです。次の「夜電波」でスピンしようと思います。

番組公式アカウントでもお知らせ致しましたが、次の「夜電波」は久しぶりの収録となります（オンエア日が、レコーディングの実質上の最終日となるので）。水曜の深夜に収録しますので、メールはそれまでに頂けると、番組に反映する事が可能になりますのでよろしくお願いします。キラースメルズのデビュー盤『タラード1&2』は、この、収録回のオンエア終了から受注を開始します。予約受付の方法は番組で詳しく申し上げます。限定生産ですので、お聞き逃しなきよう。そして聖バレンタインデーはジャズドミューンで！　ショコラお待ちしております！　陵辱しますけどもね（笑）。

初出　「第三インターネット2012年2月13日

新時代の東京にて
――川勝正幸4

テメエもちらっと出てきますし、文庫版（川勝正幸『21世紀のポップ中毒者の手記』河出文庫）の解説を仰せつかったという事で、改めて読み直してみたんですが、さっと通読して思い出話でも書くつもりで、読み終わって何も書けず、もう一度通読して、今度はちょっと本当に、一切何も出来なくなり、部分部分をまた読み直して、また通読して。といった繰り返しをしているうちに締め切りの当日になってしまいました。

今から4000文字ばかり、「文庫版解説」などとは、とても言えない拙文を書きますが、拙文というのも憚られるほど、書く事は総て無内容でありきたりだと思います。

第一にワタシは、川勝さんが亡くなったという事を、お別れの会で、生まれて初めての悼辞まで読んだ癖に、自分のラジオ番組で、生放送のラジオ葬までやって（数多くの一般の方、著名人の方からメッセージを頂戴しました。本当に有り難うございました）、あれから1年も経っているというのに、おそらく、全く受け入れられていません。

読み直して何も出来なくなった、等と書くと、悲嘆にでも暮れているように思う方もいるかもしれませんが、そして、これは不謹慎になる恐れもあるのですが、ワタシは全く「川勝さんが死んで悲しい」と感じていません。

とはいえ、良くペットロスの方とかが（というか、総ての宗教が）するような、亡くなった動物を「まだ生きている」といった合理化がありますが、自分があれをやっているとも思えません。

川勝さんは亡くなって、もうこの世にいない。それは充分解っていますし、せっかく（自分は）音楽家なのだから、ミスティックに、例えばなんかこう、ライブ会場とかの上空の隅の方に、川勝さんの霊魂でもいるものと信じて、あまつさえ、それを観客の皆さんにも転移させて、みんなで信じる。といった事をしたって、罰は当たらないでしょうに、全くそういう気にもなりません。

もっと大人の態度で、口先だけでも、態度だけでも、原稿だけでも、川勝さんが、そうですね、幽霊の恰好でもして、ひょいとそこらから出てきそうだとか、上の方を指さし、今頃あっちでデニス・ホッパーのインタビューをしてるだろうとか何とか、言えば良かろう物を、とにかく、悲しいも何も、特にこうやって川勝さんの本（そこにはほとんど、多くの存命の人々も出てくる、という事もあってか）を読み返したりすると、この世界というのは一体どうなっているのだろう、といった、幻想病や離人症の患者さんみたいになって、ぐーっと考え込み、とにかく、何も出来なくなってしまうんですね。

もしこれが、もし仮に、ですが、喪失感という物ならば、ワタシは来月で50になる若造ですが、ワタシのこれまでの人生に於いて、最も巨大な喪失感なのだろう。と思います。

何も出来ない、何も感じない、何も考えられない、だから何もしない。というのは、どう考えても異常な事です。何年かしたら、ワタシは『21世紀のポップ中毒者』を、ちょっとした心痛と共に、温かい涙でも流しながら、車中とかでさっと読んで、蕎麦でも喰いに行けるようになるのかどうか、予想もつきません。

あれを尋ねておけば、これを訊いとけば良かった。という事もありませんが、とにかく川勝さんは、初対面の時から、何故だかワタシの事をよおくご存知で、当時脳内で「川勝正幸」とか「ウッディ川勝」とか呼んでいた、川勝さんと知り合う直前のワタシは、内心で（え？　何で川勝正幸がオレの事にこんなに詳しいんだろう。趣味でもなかろうに）と思ったのを、良く憶えています。

映像もはっきり憶えています。それは六本木ヒルズの、住宅の方のエントランスで、宝塚の大階段みたいな、ながーい階段があるんですが、当時、野宮真貴さんご一家がそこに住んでおられ、ワタシは川勝さんの仲介で野宮さんとお仕事させて頂く事になったんですが、打ち合わせをそこ（ヒルズの、住民だけが入れる共有スペース内のカフェ）でやるから、と言われ、出向いたのです。

当時まだ煙草を吸っていたワタシは、フロントの手前で吸っていた紙巻きを地面に置いて、革靴で擂り潰しながら（今から野宮真貴と川勝正幸と仕事するのかあオレは。まあ、うるさそうなマネージャーが出てくるんだろうな）とか思っていた所、突如階段の一番上から、野宮さんと川勝さんが一緒に現れ、それはまるでミュージカル映画のようで、しばし啞然としていると、川勝さんは、嬉しそうに手まで振ってらして、そのままどんどん近づいて来たのでした。

そして、誰もがご存知の、あのニカっとした笑顔で「やあどうもどうも、菊地さん、じゃあ行きましょう、コッチです」とご案内下さったのです。

その後、そのカフェに行くと、そこはジムの中のカフェで、スイミングプールの脇のガラス張りでした。ワタシはプールとかスポーツ用水着とか塩素の匂いとかに強いフェチがあるので、エラい興奮するやら煙草は吸えないやら、ヒルズ族のモデルのような女性達が水着にバスローブで行き交うわ、目の前にあの野宮真貴はいるわ、川勝正幸が企画書を出しているわで、内心は（おいおいおいおいおいおいおい）という感じで、とにかく挙動不審にならぬよう、初めて売春宿に行った青年のように、肩をいからせて眉間にしわを寄せ、思いっきりゴロ巻いて（これは汚い関東弁ですが、何と言うか、悪ぶって。みたいな感じでしょうか）いました。

そして、しばらく話していると、突然、我々の隣のテーブルに、今何をされているか存じ上げないのですが、女優の奥菜恵さんが、当時のご主人と思しき方と（若干のブーたれ顔で）話しておられ、しかもプール上がりの洗い髪だったので、極度の興奮と緊張で我慢がきかなくなったワタシは、不躾も甚だしく、打ち合わせの最中だというのに、前を向いたまま、小さな声で「隣、奥菜恵ですね」と言いました。

そして、川勝さんはチラと確認し、ワタシに向かって、あの声とあの顔で「あ、本当だ。そうですね」とゆっくりあのテンポで仰って、ニカっと笑ったのでした。

ここまでが、この笑顔までが、ワタシが川勝さんと知り合う前で、この笑顔の瞬間から我々は知り合いとなり、以後、川勝さんが亡くなる日まで、ほとんど二ヶ月に一度ほど会っては（全く、計算する気も、頭も働かないので、適当に書きました。実際はもっとずっと多かったかもしれないし、ずっと少なかったかもしれません）仕事をして、仕事をしては、必ずブラッスリーだトラットリアだと、飲み喰いしに行きました。

そして川勝さんは、ワタシの総てのライブと、総てのイベントに来て下さったのです。ワタシは育ちが悪く、働きすぎるので、とても一個人ではコンプ出来ないよ。というぐらいに（とてもお恥ずかしい話ですが、ここまで書いた瞬間に、突然涙が溢れてきました。止まるのを待って再開します）ライブやらトークやら、ラジオ番組やら、いろいろやり散らかしてしまうのですが、06年から11年までの5年間で、少なくとも東京で行われたものに、一つ残らず、そして総て自腹で来て下さったのは川勝さんただ一人だけです。

そのうちにだんだんとワタシは、川勝さんが、ちょうど、今のワタシのように、それまでいろいろあったけれども、50を迎え、なんとか自分の城が（城と言っても、川勝城と菊地城では、石高が違いすぎますが。そしてこれは、巷間使われる「自宅／屋敷」のメタファーではありませんが）出来た、しかし城が出来れば、そこには盲点というか、欠陥というか、手つかずの領域が出来る訳で、城を建てた人は、一時的であれ、恒久にであれ、その、城外の、城の縁まで迫っている、未踏の金の鉱脈のようなものに耽るようになる。それが川勝さんにとって「ジャズ」なのではないだろうか？　ワタシは媒介者なのではないか、と思うようになりました。

ですから我々は、たった一度もプライヴェートな話をした事がありません、ひたすらジャズを中心としたあらゆるカルチャーの話をし、飲んだり喰ったり仕事をしたり、ライブをやったり観たりしていたのです。

それは、楽しかったとか面白かったとかいう事よりも、媒介者と耽溺者の交感、芸人と贔屓筋の交感、中年男性と中年男性の交感であって、いつ終わるのか、どうやって終わるのか、自然と冷めるのか、スケやガキでも出来るのか、等と考えた事は、一瞬たりともありませんでした。

そしてある朝、ワタシの部屋まで車で迎えに来たマネージャーが、ワタシが後部座席に乗り込むなり、青い顔をして「あの、菊地さん知ってますか、川勝さん、亡くなりましたよね」と言ったのです。ワタシは、映画に出てくる人のように「ウソだろ」と言ったまま固まってしまい、しばらく車は動かず、とうとう走り出しました。

ほとんど総ての事を憶えています。写真も沢山あります。抑えつけ、喪失している記憶は一つもないと思います。

ただ、川勝さんが死んだんだ、死んだよ。ほら、葬式もやったし、もうライブにも来てないでしょう。と言われても（誰もワタシにそんな事は言いませんが）、ワタシは「知ってるよ。それは。解ってるよ」と言いながら、実際に知っているのかどうかさえも解りません。この一点のみ、ワタシは、完全に現実把握能力を失ったままです。

解説なのに申し訳ありませんが、最後の2段落だけ本書について具体的な事を書きます。一見天然の事象として地続きに連続体をなしていると思われがちな「歴史」というものですが、それを人類が実感している限り、不連続な断層があるのは自明です。ただ、こうした時代になり、歴史に断層が入るとか、そこまでの歴史が「ある時代」として一度終わるとかいった事は、解っているとしても、どんどん小事になって行きます。

しかし、現在この『21世紀のホップ中毒者』を読む時、ほとんどの人がこう思うでしょう。「東京にもこんな時代があったんだ」と。そしてその思いは、年を追うごとに、つまり、書名に掲げられた21世紀が、一日ずつ進むごとに、深まるでしょう。帝都は次の時代に入ったのです〔追記1〕。それは、どの時代もそうであるように、前の時代を焼き尽くし、100年後に恋い焦がれるでしょう。冥福を祈るだとか、R.I.P.だとか書く気も言う気も全くないまま、分厚い単行本を、ただ摑んでいたり、一気に読み耽ったりしています。これがいつまで続き、いつ変わるのか、きっと未来の東京という街と自分の音楽が教えてくれるでしょう。

初出　川勝正幸『21世紀のポップ中毒者』（河出文庫、２０１３年）解説

〔追記1〕今（15年5月）読み直すと、〈「戦前」に向かって行く時代の本〉にしか読めない。大正ロマンのモボやモガ達は、遊び尽くし、軍靴の響きを止められなかった。筆者があらゆる抵抗をかいくぐり、本書の執筆を決意した大きな理由の一つがここにある。

Emi Ito (1941.4.1 - 2012.6.15)

ピーナッツの片割れとうとう消えて
――追悼 伊藤エミ

皆様ご存知の通り先日ザ・ピーナッツの伊藤エミさんが亡くなりました。これは我々熱狂的なクレージーキャッツファンにとっては、虚を突かれたと申しましょうか。まあ、「我々」って誰だよって話ですけど。ワタシにとって最初のアイドルがクレージーキャッツなんです。

年代的にはドリフ世代なんですけど、兄貴と14歳離れているんで上の方に引っ張られて。圧倒的にクレージーキャッツ贔屓です。

東京スカパラダイスオーケストラなんかと一緒に仕事させて頂くと、現代のクレージーキャッツここにありという感じがして、目頭が熱くなる思いですけどね（笑）。さすがに目頭は嘘ですけど、スーツ着て、恰好良くて、ジャズベース（勿論スカパラはスカベースですがスカはジャズベースですから）でお茶の間も楽しませる事が出来るっていうのは、スカパラがかなり臨界までいっているると思います。

ワタシなんかが20代の頃、1980年代というのはクレージーの業績が再評価されたバブル元祿狂い咲きの時代です。浅草東宝のオールナイトでクレージーキャッツの映画を一本残らず見ちゃったり、オールナイトのプログラムの関係で、ものによっては10回ぐらい同じ映画を見ちゃったり。更にレンタルビデオのVHSで借りちゃったりして。そういうバカ騒ぎの時代が終わって、文字通りシャボン玉飛んだ、屋根まで飛んだ、屋根まで飛んで壊れて消えたっていうね。

その後、90年代から00年代の20年間というのは、我等がハナ肇とクレージーキャッツが一人また一人と亡くなっていった時代でした。20年以上かけて、花びらがスローモーションで散っていくような様を見せられる。そういう時代に入り、まだそれが続いている訳です。

現在ご存命の犬塚弘さん、桜井センリさんも大変なご高齢です。桜井さんなんかもう90近い筈ですからね。番組に出て頂けたらなあと思ったりもしますが、まあ無理でしょうね。そもそも桜井センリさんを前にしたら何も喋れなくなると思います。そんな中、とうとうあのザ・ピーナッツがピーナッツではなくなってしまった。わざわざ言うのも野暮というものですが、ピーナッツみたいにパコッと二つに割って、どっちもそっくりだっていうんでザ・ピーナッツな訳ですから。ザ・ピーナッツに関して、あな懐かしやばかりじゃ、ノスタルジーお爺さんと同じになってしまいますから、音楽家の端くれとして言わせて貰いますけど。アイドルポップスでヴォーカルの声を加工するやり方にトレンドというものがありまして、今はコンプレッサーとオートチューンの時代ですよね。

オートチューンっていうのは、極端に言うと、かけすぎるとケロケロしたロボット音になっちゃう、音程の美容整形みたいなモンですが、それ以前の60年代から80年代の長きに亘って、このオートチューン効果のご先祖様のダブルという手法が全盛でした。当人が2回自分の声を重ねるという手法です。ハモりじゃないですよ。あれは「自ハモ」って言うの。同じメロディーを同じ声で重ねると、輪郭と安定感が出るんですね。不自然さも含まれてますから、そういう意味でもオートチューンのご先祖様だと言えます。

これが廃れながらもまだ健在で、今はHIP HOPなんかにまで活かされていますけどもね。要するにこういう事です。ザ・ピーナッツは双子なので常に同じ声で歌っていて、ユニゾンの時にえも言われぬ効果がある。それが良くて後にダブルという手法が定着したんだっていう説があります。これ、あんまり指摘されません。

伊藤エミさんっていったら、とてもお奇麗な方ですね。ワタシは不勉強ながら椎名林檎さんの音楽を詳しくは存じ上げませんが、デビューされた時から一貫してお顔に伊藤エミさんの面影があるなと思っていました。周囲でそう騒いでいたのはワタシだけでしたけども。だから、椎名さんがね、「私のママは歌舞伎町の女王」なんて歌いながら出て来た時に、「え！　まさか！　でも、ザ・ピーナッツと歌舞伎町！　何それ！」なんて思ってヒヤッとしたもんですけどね。

こうやってクレージーキャッツだけではなく「シャボン玉ホリデー」という偉大な運動体が、少しずつ少しずつ黄泉の国へと昇っていくんだ。分っちゃいたけど、虚を突かれた気分です。毎週日曜の夜7時。その3分ぐらい前になるとザ・ピーナッツが「スターダスト」を歌い出す。二人の間にハナ肇が割り込む。ちょっと気障な嫌味を言う。ザ・ピーナッツが歌いながらハナ肇に肘鉄。ハナ肇があのフンガフンガみたいな面白い顔して、また来週。

あの完璧なエンディングが、ゆっくりゆっくり空に昇っていくようです。「シャボン玉ホリデー」を下火にしたのは、番組自体が飽きられたって事もあるでしょう。でも、実際に息の根止めたのは「サザエさん」と「ヤングOH！　OH！」。つまりアニメと吉本ですからね。ワタシ今表向きはニコニコしてますけど、心の中でははっきりと仇としてね、認識してますよ（笑）。

ワタシはあるきっかけがあってから、この番組で故人への追悼をするのを止める事にしていました。だから、今回は伊藤エミさんにというより、「シャボン玉ホリデー」という思い出全体に捧げたいと思います。捧げる曲はジャズヴォーカルがいいなと思ったんですが、ジャズヴォーカルも広いので誰にしようか大変迷いました。曲はジャズファンなら知らぬ者はないという有名なガーシュインのミュージカル「ポーギーとベス」から、鉄壁の「アイ・ラブズ・ユー・ポーギー」です。「Loves You」というのは三単現のｓですから、ちょっとおかしいですよね。「She Loves You Yeah Yeah Yeah」とは言うけれど、普通は「I Loves You」とか「You Loves Me」とかは言いません。二人称ですから。しかし何故「I Loves You Porgy」かというと、主人公であるベス——ポーギーが男の子でベスが女の子なんですけど——があまりに教育を受けてなくて、あばずれで心も荒んでたので三単現のｓを間違えて付けちゃったっていう事なんですね。

それで「アイ・ラブズ・ユー・ポーギー」というタイトルなんです。でも、歌う時にはさすがに「Loves」って歌うと芝居がかってるんで「I Love You Porgy」と歌われるという事でも有名な曲です。

この曲はジャズの女性ヴォーカリストが全員といっていいくらい歌いますから、誰のにしようかと数えたら、自宅に36人分ありまして。とにかく座して瞑想し、心のチャンネルを「シャボン玉ホリデー」の思い出に合わせて決めました。

１９６８年のライブです。68年は「シャボン玉ホリデー」も全盛期を過ぎ、爛熟期に向かっていた頃ですね。ちょっと調べた所、68年ってのはハナ肇が38歳、伊藤エミ27歳ですよ。この曲を歌ってる歌手はハナ肇の３つ年下です。ライブ録音なので、大変なアプローズが入っています。そのアプローズごと「シャボン玉ホリデー」の思い出に捧げさせて頂きます。

「菊地成孔の粋な夜電波」。それではまた来週。日曜の夜、「シャボン玉ホリデー」と同時刻にお会いしましょう。お相手は菊地成孔でした。それでは本日の曲です。ニーナ・シモンで「アイ・ラブズ・ユー・ポーギー」。

Nina Simone
「I Loves You Porgy」
『Nuff Said!』
RCA Victor / 1968 所収

初出　ＴＢＳラジオ「菊地成孔の粋な夜電波」第63回／２０１２年７月１日

Senri Sakurai (1926.3.20 - 2012.11.10)

夕映えに逝く
――追悼 桜井センリ

今回の収録日の前日の夜、明日は何の曲をかけようかなと考えていた時に突然訃報が入りました。桜井センリさんが亡くなりました。86歳です。ワタシは今、ギリギリで昭和の方が辛うじて長く生きており、そろそろワタシの人生の中で平成が昭和を追い抜くという年代です。

平成は悪し、昭和は良ろし、とは口が裂けても言いません。昭和歌謡なんつって、チャチなノスタルジーに逃げ込んでいる奴等は全員ファックです。平成も充分素晴らしい訳です。

ただ平成という時代はクレージーキャッツという集団のメンバーが、一人また一人と亡くなっていくのを告げられる時代でした。谷啓さんも亡くなり、とうとう桜井センリさんと犬塚弘さんのお二人になった。そしてこの訃報です。

この夏に京橋のフィルムセンターで、「カルト・ブランシュ（白紙委任状）」っていう企画があって。「この人がこの映画を選ぶ」という奴でワタシも一本選んだんですね。非常に大雑把に言って、インテリのシネフィルがやる仕事で、渋いのとか難しいのとか選ぶ訳ね。普通は。

その時に、これはあまりに横紙破りで怒られるかなって思ったんですけど、「クレージー黄金作戦」を選びました。クレージーキャッツが念願の北米に上陸して、ラスベガスのブールバールをほんの20秒間だけ閉鎖して歌ったという映画です。この映画をかけて、平成のクレージーキャッツことスカパラのGAMOさんをゲストに対談しました。それがこの夏の最高の思い出になると思います。

前に神楽坂を歩いていて、桜井センリさんご本人と遭遇した事があったんですけど、杖をついていらっしゃいました。もうご高齢でしたからね。杖も老人のルックスも全然問題ない、ちょっとヒヤッとしたのは、あの、粋の塊みたいだったセンリさんのオーラがすっかり消えてて、他人の空似かと思う位でね。ああ、もう、桜井センリでさえ、クレージーキャッツの一員であり続ける事が無理になったんだな。と、溜息が出ました。

あとは犬塚さんだけになってしまって。寂しい訃報が続きますので、急いで追悼の曲を用意しようかなとも思ったんですが、「さあ死んだ、さあ追悼だ」ってのも野暮ったいですからね。そもそも川勝さん以来、封印していたのを、gleeのフィンがいきなりくたばって、特別に、久しぶりに。と思ってやったのがちょっと前ですから。

クレージーキャッツと言うのはあまりにワタシにとって大きな存在です。一人一人が巨星墜つ、という感じです。桜井センリさんの訃報に対しては、来週何らかの形で哀悼の意を示させて頂きたいと思います。という事で、今週の締めには粋で鯔背なこの曲を。メルトーメのヴォーカル、マーティ・ペイチのアレンジ、そしてドナルド・フェイゲン作曲の「ウォーク・ビトゥーン・レインドロップス」。

（翌週の放送）

さて、先週申し上げましたのであまりくどくど繰り返しませんが、桜井センリさんがお亡くなりになりました。ワタシはこの世にジャズとクレージーキャッツがなかったら今頃こんな仕事なんか絶対してません。一番良くてムショか開放系の精神病院でしょう。

青島幸男さんが亡くなった時も辛かった。ワタシは元都知事が亡くなったという風には考えません。クレージーの仲間にしてブレーンの青ちゃんが亡くなったのだと。その後、谷さんも亡くなりました。植木屋はとっくに逝った。ハナも谷も死んだのだ。悲しい童話の、終結部の様です。あの時も辛かったですけど、センリさんが亡くなったのはこの秋風も相まって随分と堪えるなあ、と思います。

クレージーキャッツは二人ピアノ制で、石橋エータローさんと桜井センリさんがピアニストでした。センリさんはピアニストですから、ピアノの曲がいいなと思ったんですけど、ピアノ曲なんて腐るほどありますから、どれにしようかと思いまして。センリさん自身の演奏もありますし、ピアノの音楽はあまりにも多すぎて、何を選んだらいいか判らなくなっちゃって。それで、結局素人さんの演奏をかける事にしました。

ワタシは学校で音楽を教えていまして、この前卒業制作の発表があったんです。一般の方ですから、仮名で鈴木さんとさせて頂きますが、鈴木さんは御年70歳です。68歳でワタシが勤めている学校に入ってきました。昔少女時代に手習いでピアノを弾いた事がある、というくらいで最初は楽譜もあまり読めない方で、勿論作曲も出来ませんでした。それでゼロから2年間やって今から流す曲を自ら作曲されました。

70歳の手習いって奴ですけど、発表の時にもう教室中が感動でシーンとなりました。この曲が非常に素晴らしかったので、桜井センリさんに捧げようと思います。タイトルは鈴木さんがご自分でつけました。CD-Rにコンビニで売ってるマジックインキのペンで「夕映え」って書いてあるんで、曲名は「夕映え」です（笑）〔追記1〕。

この曲だけだとちょっとシンミリしすぎるんで、そのまま繋いで反骨の歌手ドリス・デラトーレの「トゥ・ドゥミナス」という曲を連続でプレイします。ドリス・デラトーレは元々キューバの人ですが、革命政府と上手くいかなくてスペインに亡命した歌手です。昔、ブラジルで言うとボサノヴァと同じ時代にキューバで流行っていたポピュラーミュージックにフィーリンっていうジャンルがあるんですが、このフィーリンのバックバンドの最初のバーンっていう音が、クレージーキャッツを連想させずにいられない。そんなサウンドです。

クレージーキャッツの番組なんか見ていると、園まりさんとか、当時の三人娘の歌って、ちょっとラテン系なんですよね。「ウナ・セラ・ディ東京」とか、ラテン系のクラブのダークな曲に合わせて、みんながおどけた顔で踊ったりして。センリさんも一緒になって踊ったりして。最後にオチで引っ叩かれたりするんですけど（笑）。そういうのを思い出して頂いて、今日のお別れの時間を迎えたいと思います。

ジャズミュージシャンの菊地成孔がお送りして参りました、「菊地成孔の粋な夜電波」。お別れの時間が参りました。仮名・鈴木さんの「夕映え」。それから繋いでドリス・デラトーレの1958年のレコーディングで「トゥ・ドゥミナス」を聴いて頂きます。

鈴木さん（仮名）
「夕映え」

Doris De La Torre
「Tu Dominas」
『Tu Dominas』
Essential Media Afw / 2012 所収

初出　TBSラジオ「菊地成孔の粋な夜電波」第81&82回／2012年11月18日、11月25日

〔追記1〕フォーレとショパンとドビュッシーを足した様な、老婆と言って良い年齢の女生徒が作ったこの曲は、彼女の自室で録音された空気感、演奏のリアルさ、曲の完成度も含め、大変な訴求力を見せ、リスナーからCD化や配信の要望が相次いだ。が、筆者はご本人と話し合いもせずに、この件は実現化させなかった。

Cory Allan Monteith (1982.5.11 - 2013.7.13)

最期までドジッたフィンに

——追悼 コーリー・モンテース

沢山投書をいただいておりますが、「glee」のフィン役で知られるコーリー・モンテースの訃報が入っております。この前、ピレキーニョでのキラースメルズのイベントが終わりまして、その翌日がピットインのライブだったんです。

その最中、昔からワタシをご贔屓にして下さっているお客さんがワタシの方に一直線に歩いていらっしゃいました。その方はライブ会場で会っても、「やあ、菊地さん」っていう感じで話しかけてくるタイプではないんですよね。どうしたのかなって思いましたら、「知ってますか、フィンが亡くなったの」と。

この放送は収録なので、オンエア日にはもう過ぎてますが、収録日の前日はブルーザー・ブロディの命日でもあります。残り時間も僅かになって参りましたので、コーリー・モンテースにこの曲を捧げてお別れしたいと思います。

今、世界中のグリークス達がこの曲を聴いている事でしょう。この楽曲の歌詞の「stranger」という部分が、ほとんどの訳詞では「彼等」とか「みんな」と訳されています。しかし、ストレンジャーというのは、よそ者の事です。誰も知らない。「お前誰だ?」っていう奴の事をストレンジャーと言う訳です。

この曲はジャーニーの曲ですが、アメリカというのはストレンジャー大国です。ほとんどの国民がストレンジャーです。だから、これはアメリカのアンセム（聖歌）みたいなもんです。一番有名な曲なので、敢えてもう一度歌詞を読み、もう一度曲を聴くのもどうかとも思いますが、今夜ばかりはこの曲を。コーリー・モンテースに捧げます。

コーリー・モンテースの事を、口はばったい人は「リバー・フェニックス以来だ」って言ったりしてますけどね。ヘロインとアルコールのオーバードーズ死です。ヘロインとアルコールのODってのは相当ヤバいです。即心停止でしょうね。彼は更正施設に入って、ドラッグを止めたって事になって、施設を出た訳です。それで家に帰って、友達と会って、久しぶりに友達とやっちゃったんでしょうね。アルコールでもドラッグでも何でもね、「今日で更正プログラムは終了だ。卒業ですね」「はい」なんつって帰宅すると、ほとんどがやっちゃいますね。ずっとガマンしてたから（笑）。要はドジったわけですよ。

ODってのは自殺でもないですし、勿論他殺でもない。本当にしくじったって奴だと思います。だから、フィンが音楽があったにも拘わらずダメだったという風にはワタシは考えていません。この人は若い頃からドラッグをやっていて、なんとか大丈夫になって、「glee」のキャストに抜擢された。そしたらお金が入って来ちゃうでしょ。そしたら買っちゃいますよね。悪循環があってこれは止めなきゃってんで施設に入って、そんでまたドジっちゃった。

「glee」のテーマは「人類は全員よそ者だ」って事だと思います。全員ハンディキャッパーで、全員がマイノリティだって事です。そして人生の問題はポップミュージックの歌詞が全部解決する。これがこの番組の、世界中でアメリカ合衆国だけが掲げる事の出来る、輝かしいテーマです。

ワタシも常にストレンジャーでありたいです。ワタシとてタレントの端くれの端くれですから、自分の音楽の話して、ツアーでの面白エピソードとか話して、ファンの方相手に一丁上がり。そんな風に番組作れと言われれば、今の10分の1の労力で出来ます。でもそんなのは嫌だ。そんな事するために、ワタシはマイクの前にいるんじゃない。

ワタシは常によそ者でありたい。「誰こいつ?」「何モンだこいつ?」っていう所から番組をやって、聴いている皆さんにご支持頂けたら、と常に思っています。ワタシの事なんか知らない、たった今、偶然にラジオをつけた人々にも、この歌詞を読み上げさせて頂きます。

(イントロのループが流れる)

単なる小さな町の少女は
孤独という世界に住んでいたが
ある時、夜行列車に乗って旅立った
行き先は分からない

単なる都会の少年は
サウス・デトロイトで生まれ、そして育った
そしてある時、夜行列車に乗って旅立った
行き先は分からない

燻されるような煙の中で歌っている歌手
ワインと安っぽい香水の香り
この店で夜を一緒に過ごせるその微笑み
それだけがあれば
夜は果てしなく果てしなく
続いて続いて続いて続いて行く

よそ者達が待っている
道のあちこちで
奴等の影がこの夜の中で探し始めている
シティライツ
街灯の下で心を振るわせる何かを求めて
この夜
今夜のどこかにそれはきっと隠されている筈

誰だって食べていくために必死で働くさ
でも、誰だってスリルはほしいよね
次のサイコロを振るためだったら

俺は、私は何だってするよ
だから、もう一回だけチャンスを

勝つ奴
負ける奴
ブルーズを歌うために生まれてきたような奴も
そう映画は終わらない
映画は果てしなく
続いて続いて続いて続いて行く

よそ者達が待っている
道のあちこちで
奴等の影が夜の中で探し始めている
シティライフ
街灯の下で魂を蘇らせる何かを求めて
この夜、今夜そのどこかにそれはきっと隠されている筈

信じる事をやめてはいけない

自分を裏切ってはいけない
多くの街灯の下で彷徨うよそ者達
君等に言いたい

信じる事をやめるな
そして今のこの気持ちを忘れないで欲しい
街灯の下で彷徨う人々
信じる事をやめてはいけない

ワタシはこの番組で、最初の頃は誰かの訃報があるたびに故人に音楽を捧げてきたもんです。人が死んだら弔いに音楽を流すってのは当たり前の事ですから、そのままやってきました。でも、番組が始まって一年弱くらいで川勝正幸さんが亡くなって、番組全体をラジオ葬にしました。あれから番組で追悼をするという事をきっぱり止めてたんです。しかし、今日ばかりは特別という事で、フィン、そしてブルーザー・ブロディ、そして再び、この番組の熱狂的なファンだった川勝正幸さんに捧げたいと思います。

さて、「菊地成孔の粋な夜電波」。お別れの時間がやって参りました。それではまた来週。日曜の夜7時にお会いしましょう。菊地成孔でした。本日最後の曲、ジャーニーの曲の「glee」キャストによるバージョン。実質上このドラマの主題歌である〔追記1〕「ドント・ストップ・ビリービン」。

（曲が流れる。終了直前に）

要は我々は、フィンがドラマの中で、というか彼が実人生の中でさえずっとドジり続けてきたのを見てきたって事です。でも、ドジり続けるたびに我々は彼を愛さずにはいられなかった訳です。一言かけるとしたら「最期までドジッたよな」って事です。奴は最後までドジッたけど、我々はそれを愛さずにはいられないっちゅうことですよ。

Glee Cast
「Don't Stop Believin'」
Columbia / 2009

初出　ＴＢＳラジオ「菊地成孔の粋な夜電波」第１１４回／２０１３年7月21日

〔追記1〕この曲のコード進行とリズムは、後にあのアナ雪のレリゴーに利用され、あまつさえアナ雪の主要キャストは「glee」の主要キャストである。執筆時（2015年夏）に話題の「ピッチ・パーフェクト」との関係も含め、如何に「glee」が高い影響力を持ち、搾取の対象となるドラマだったかが解る。何がレリゴーだバカ（May-Jは好きだが）。

Eiichi Ohtaki (1948.7.28 - 2013.12.30)

ポップス史の勉強
――追悼 大瀧詠一

（番組の最終ブロックにて）

さて、今日は「ポップス史の勉強」という事で、中世から現代のポップスまで流れて行く音楽の変遷の歴史、そのほんの一端を、16世紀の古楽から19世紀のオペラのアリアを経て、20世紀のジャズヴォーカル、ポップス。という流れを、前歌、ヴァースという観点からまとめて、講義形式でお届けしました。

とはいえ本当はこの特集は、先週やる筈だったんです。

通人の方にはもうバレバレでしょう。結局、先週に昼行燈みたいな放送をして、この特集をやらなかったのは、裏で「GO! GO! NIAGARA」の大瀧詠一さんの追悼特集があったからです。

各局追悼番組をやって、どれを聴いていいか困っちゃうって事になるのも野暮ったい話ですから。一週遅れでやらせて頂きました。

ポップミュージックっていうのは、生きていると辛いから聴くと元気になる、みたいな効用があります。要するに栄養みたいな、これで今日も頑張るぞと。要するに日常食です。それがポップミュージックの一番の効用ですから、それでいいと思いますし、ワタシもそのつもりでやっています。

ただ、まあ、それだけっていうのもね。飯はかっこんで栄養になればそんでいいんだって訳ではないですから。美術や骨董みたいに、マニアックな感じでポップスを研究したり、歴史的な流れを見たりすると面白い訳ですよ。頭の思わぬ所が刺戟されちゃったりなんかして。

でも、そういう事をやるのは相当の余裕がないとダメですね。そんな事ばっかり考えるのは、かなりのご隠居じゃないと。大瀧詠一さんっていうのは、「こういう事ばっかり考えていた人」だと思います。

今みたいに世の中に余裕がなくなってくると、音楽を聴いてとにかく元気になろうだとか、とにかく盛り上がろうだとか、音楽を聴いて昔を懐かしがって時間を止めちまえ、とか、音楽がエナジードリンクや引きこもりの道具みたいになっちまう。まあそんでも構わないんだけど、音楽なんて誰がどうやって聴こうと構わないんだけど、それだけじゃやっぱり息苦しいですよね。そういう音楽の効能を煮詰めた先にあるのは軍歌だと思うんですけどね（笑）。まあ、軍歌は軍歌でマニアがいて、結構面白かったりもするんですけど。ポップスをまるで絵画みたいに研究してウンチクをたれる。そういう余裕がどんどんなくなっていく世の中だな、と思った矢先の訃報でした。

改めて言うのもアレですが、今日の番組総てを、大瀧詠一さんに捧げます。

では本日最後の曲です。『フィーリン・ボレーロ』というボレロのアンソロジーから、ジョー・バージェというプエルトリコ系のNY生まれのミュージシャンの曲で「エレス・トド・エン・ミ・ビーダ（あなたは私の人生のすべて）」。60年の曲です。当時、これ全然売れなかったただろうと思いますけどね（笑）。「あなたの目を見れないのは何て悲しい」「あなたと離れて過ごすのはとても苦しい／でも私の心はあなたのもの／あなたは私のただ一つの愛」というシンプルな歌詞を持った曲です。

Joe Valle
「Eres Todo En Mi Vida
（あなたは私の人生のすべて）」
『Feeling Bolero』
El Sur Records / 2014 所収

ジャズミュージシャンの菊地成孔がお送りして参りました、「菊地成孔の粋な夜電波」。そろそろお別れの時間です。それではまた来週日曜日の夜7時にお会いしましょう。

初出　ＴＢＳラジオ「菊地成孔の粋な夜電波」第１３８回／２０１４年1月19日

Takatada Ihara (1929.6.6 - 2014.9.14)

昭和へお悔やみ

――追悼 井原高忠

この番組は、元赤坂ニューラテン・クォーターの支配人であった山本さんにゲストで来て頂いたという縁もありまして、ずっと「赤坂ニューラテン・クォーター公式認定番組」と名乗らせて頂いていました。まあ洒落ですけども。そんなこの番組にとって大きな訃報がありました。昭和のテレビ黄金期マニアにとっては言わずもがな。井原高忠さんが85歳、アトランタの病院で亡くなりました。巨泉さんみたいに、セミリタイアされて海外で悠々自適ってのとは違いますよ。アメリカでまだまだテレビ番組の勉強をなすっていたらしいです。

若い方にはどう説明していいものか、年輩の方には言うまでもありません。「シャボン玉ホリデー」「11PM」のディレクターですね。「巨泉×前武ゲバゲバ90分！」「スター誕生！」「金曜10

時！ぅわさのチャンネル!!」なども手掛けられました。前にも同じ事を申し上げましたが、ワタシにとっての最初のアイドルはクレージーキャッツでした。クレージーキャッツというグループを中心にした芸能界がワタシにとっての極楽。原風景でして。今ラジオ番組をやるというのは、この神話の中の神々が一人ずつ亡くなっていくという事を伝えていく事でもあります。死神の報告屋にでもなった気分です。

とうとう井原さんも亡くなってしまいました。ワタシの感受性の、下手したら未だに70％位が、クレージーキャッツ周辺が作り上げたものなんですよね。「ある時代の終わり」と言ってはありきたりにも程がありますが、これでワタシの中ではっきりと、昭和、そして20世紀が終了しました。21世紀という長い旅路は菊地凜子さんやOMSB'Eatssさんや吉田サラ太郎さん等（笑）、若き才能と共にですね、一緒にジジイとして彷徨って参りたいと思います。クレージーが当時の若い流行歌手と一緒にコントやってたみたいに。

それでは本日最後の曲です。「グロリアのテーマ」。エリザベス・テイラーが汚れ役で初めてアカデミー賞を取った映画のテーマ曲でもあります。１９６０年です。井原高忠さんがアメリカでのテレビディレクター武者修行を終えて、日本に帰国。ザ・ピーナッツの芸名をつけた年の翌年ですね。

井原さんは日本人でおそらく唯一「ペリー・コモ・ショー」や「エド・サリバン・ショー」などのアメリカの人気テレビ番組の現場まで行って修行をされた方です。そして「光子の窓」を手掛けられ、構成作家の永六輔さんとすったもんだあったという——この話題はＴＢＳでは言わぬが花でしょうけどね（笑）。伝説の「11ＰＭ」まであと5年。菊地成孔少年誕生まであと3年という年です。

さて、映画『バターフィールド8』より「グロリアのテーマ」でお別れ致しましょう。それではまた来週。同じ時間にお会いしたく思います。お相手はジャズミュージシャンの菊地成孔でした。この曲をもちまして井原高忠さん、そしてワタシの中の昭和にお悔やみを申し上げます。それでは皆様、昭和という時代とともに、お休みなさいませ。

「Gloria's Theme」
Daniel Mann（監督）、
Elizabeth Taylor（主演）
映画『Butterfield8』
ワーナー・ホーム・ビデオ / 2001 より

初出　ＴＢＳラジオ「菊地成孔の粋な夜電波」第１７４回／２０１４年9月26日

Kiyoshi Kikuchi (1961.12.31 - 2013.12.31)

今年の始まり

——追悼 菊地潔

どうもどうも菊地です。速報と号外に日記が重なった様な事になってしまうのですが、ちと書き分ける時間がなかったものでご容赦ご容赦といった感じですが、まあ年末から年始へと何していたか、写真（ウェブ初出時は写真あり）どっさりでご覧頂くとして、そもそも昨年の大晦日に、間違いなくワタシの人生を左右した天才（ピアニストの菊地潔氏）がガンで亡くなりまして、大晦日は氏の誕生日でもありまして、亡くなる10日前に病院に行きました。ワタシが上智大のジャズ研で知り合ったのは、83年です。

菊地潔氏は天才的なピアニストでしたが、それ以上に、ワタシにとってたった二人の、笑いの神様でもありました（もう一人は、やはりピアノ／キーボードの水上聡氏です）。

誰にだってマイスターがいる。現在ワタシが、ほんの少しでも「喋りが面白い男」だとしたら、ワタシはその50%ずつをこの二人から譲り受けている信徒の一人で、プロのコメディアンやらあらゆる娯楽作品等からも「笑い」は吸収して来ましたが、それらは総て、この二人の神の託宣によって形成されるセントラルドグマにまとわりつく包装紙や刺繍の類です。

氏の信者は多く、しかしワタシは最高の信徒であると自負していましたので、自らの神に関して傲慢でした。SNS等の情報では、「面会謝絶で、本人も誰にも会わないと言っている」という話でした。「だから。もう会えないんだよ。本人もご家族も望んでいないのだからそっとしておくべきだ」と、フェイスブックとかいう無粋な物から情報とやらを仕入れたダメ信者達は言いましたが、ワタシはあんなもんはビタ一文信用していません。ワタシは信徒は当然神に会えるものと確信し、フェイスブック何ぞはブッチぎって病院に向かいました。

それ以前、氏がガンである事が判った段階から、我々はメールでやりとりしていました。文字数はだんだん少なくなり、頻度も落ちた。しかし、最後のメールにまで書き続けられたのは「面白い話」です。いつか公開したい。というよりも、ワタシは氏の評伝を書くという仕事を天から授かったのかもしれない。

氏の「死」に関するギャグの最高傑作を記しておきます。１９８８年のものです。電話がかかって来て。

「ああもしゅもしゅ。ナルヨシ？」

「はい、ああ、菊田さん（氏は、「ジャズ研に菊地姓がいっぱいいて紛らわしいから」という理由で、ある日突然、自分を「菊田」と名乗っていました）。どうもどうも」

「あのねえ僕ねえ、今ねえ……死について研究してるの」

「本当ですか。それは凄いなあ。深淵ですね」

「箸の〈し〉について。ぎゃはは!!!!」

「ぎゃはははははははははははははははははははははははははははははははははははははは

ははは!!!!」

「あ、ごめん群馬県前橋市で行われるボートレースにさ、出ないといけないからさ。切るわ。ぎゃははははははははははははははははははははははははははは!!!!」

「ぎゃははは!!!!」

ワタシはこのギャグを反芻しながら関東地方のある県の病院に向かいました。そこには、体中がパイプに繋がれた氏が、愛読書である「音楽の友」を腹の上に載せ、両手を後頭部で組んで、足を組み、映画監督かデザイナーみたいなポーズで、

「ああナルヨシじゃない。最近なんか面白い事ない?」

と言ったのでした。

死亡する10日前です。ネットの情報など信じなくて良かった。我々はいろいろな話をし、氏は林という信徒の一人（ドラムスをやっているバカで、ダメ信徒です）に振り回された思い出を毒舌満点で語り（氏は大変な、19世紀のイギリス人エッセイストの様な、本物の毒舌家でした）、その話の締めに、同じポーズのまま半笑いで「まあ、そんな林に振り回される人生も、やっと終わりと思うとさ。あっはははははははははははははははははははははははは!!」と言って、我々は上智大学ジャズ研究会の時代にすっかり戻って、腹を転げて笑ったのでした。

大晦日ワタシはピットインで演奏しました。ソプラノサックスを吹いて、ラップもやって、とてもウキウキした、晴れ晴れとした気分だった。大体、大晦日のピットイン年越しライブは、今や水谷さんや芳垣さんとご一緒する年に一度の機会なのに、アル中だ肝臓だと体調不安定な南さんの状態を心配するのに忙しく、気が重いし、楽しくないし、ここんとこ毎年ロクな事がないのでした。しかし、どうしたんだろう。今年は凄く楽しく、晴れ晴れとして、演奏も最高だったのでした。

終わって、鬼王神社に初詣に行って、寝て、起きて、元日に、昨晩、菊地潔氏が逝去されたと聞き及び、ワタシの正月は喪に服する事になりましたが、ああ、あんなに楽しく晴れ晴れしたのは、菊田さんが死んだからだったのか。と思い、心から感動しました。氏の誕生日は、他ならぬ、いいいいい、大晦日なのです。

死んで人を楽しく晴れ晴れとした気分にさせる人なんて、いないと思います（氏が憎くて、死んで嬉しかったとかいう話ではないです。念のため）。ワタシは本当に、こんな気分になる事は生涯二度とない。そうはっきりと解っている気分の中にいました。「大晦日に死んだよ。うははははははははははははははははははははははは!!!!」新喜劇の泣き笑いなんかじゃない。そんな地上の価値観を大きく引き離し、成層圏を越えた場所で、ワタシの感情は、感動しながら笑っていました。そこには、真の意味のナンセンスが、エーテルのように空間に充溢していたのでした。

大切な人。も何も、神の一人ですから、ワタシは「神は死んだ」と告げられた訳です。地上に戻ったワタシは、正月に「蜘蛛女のキス」（やっぱ最高）、「華麗なるギャッツビー」（二丁目のショーパブ映画。中途半端に良い意味で）を観てボケーっとしながら、氏の事を、数千兆のギャグを光速で思い出し、とにかく敬虔な気持ちで笑い続け（これは、亡くなったからではなく、そもそも氏に笑わされる時は、敬虔な気持ちだったのです）、それから仕事をしばらくやって、休暇が3日ある事が判ると、衝動的に一人でハワイに行きました。

ワタシは何か、精神がおかしな事になっていて、とても奇妙な気分でハワイに着きました。そして、芸能人が宿泊するかなり高級なホテルにチェックインし、ワイキキの、摂水して分析したら、サンオイルだの化粧品だの、遊具の欠片だの、ケミカル物質でいっぱいであろう人工的なビーチで潜水し、20メートルぐらい沖で顔を出したら、そこにはボードの上に、立ち上がって、完璧なバランスを保ったまま動かない少女のサーファーがいました。

その瞬間、忘年会や新年会の飲み疲れによるしつこい胃炎、中国から飛来する毒の粉とストレスによってもたらされるしつこいアレルギー性鼻炎は、完璧に、姿形なく、消えていました。

ワタシは物凄い爽快感の中で笑いました。氏の誕生日が大晦日だというだけで、生前誰もが大笑いしていた。毎年、大晦日のたびに「今日は菊田さんの誕生日だ。うはははははははは」とか言っていたら、その大晦日が氏の命日になったのです。わはははははははははは。

世界中からやってきた、素晴らしい均整美の若い肉体が、ボールを投げ合ったり、泳いだり、ボードに乗ったりしていました。それは交通と呼んでもバザールと呼んでも集合無意識と呼んでも良い物で、天国というのは本当に凄いなあ。とワタシは、今度は「へっへへへへへへへへ」といったトーンで笑い、何度も潜っては顔を出し、またビーチに戻って、バーで炭酸水を1リットル飲んで、それからマンハッタンを飲みました。それからガラケーを出して、この半年間、氏から貰ったメールを太陽の下で読み直し、ガラケーが強すぎる直射日光で誤作動を起こし、文字表示が突然大きくなったりしたのでした。10月に貰ったメールを読んでいて「たぶん今年中に」でスクロールした瞬間、誤作動で表記がいきなり5倍になり、

「お迎えが来ると思います」

とか言って、ワタシはマンハッタンを口から噴き出し「ブハー!! 何だコレ!! うあっはっはっはっはははははははははははははははははははははは!」と言って、隣席のものすごおく健康的なアメリカ人女性（Tバック）ににっこり微笑まれたりしたのでした。

あっという間にハワイでの休日は終わり、何か援軍を得た様なフレッシュな力強い気分で帰国しました。神が死ぬと力強くなるのだなあ人間は。そして、「ああ、一ヶ月後には川勝さんの命日が来るのだ」と思い、そしてジャズ・ドミュニスターズのライブが本当に素晴らしく、それが終わり、川勝さんの命日が来て、芸大の最後の授業が終わり、何年かぶりでアー写を撮影し（まあ、レーベルを立ち上げた事でもありますし）ブリッコラは一時的に閉店する事になりました。『戦前と戦後』および『キュア・ジャズ・リユニオン』の前パブが、猛烈、と言って良い勢いで始まりました。

何か、今年ばかりは自分が中国人で、旧正月が本当の正月の様な気分です。

2月には10日にピットインのモダンジャズ–ディスコティークと、20日にブルーノートのソロ公演があります。もういちいち、ここがヤバいとか言ってる時代でもないのですが、大西順子さんはワタシとバック・トゥ・バックをしますので、これはかなりヤバいです（大西さんにＤＪを指南する動画は「ビュロー菊地チャンネル」の動画コンテンツ「キクチカメラ」に収められています）。演奏は今をときめくスガダイロー氏のトリオで、ワタシも2〜3曲入っちゃおうかなあと思っておりますし、締めのワタシのＤＪもハンパないです。

ブルーノートはいよいよドラムスがあのFuyu氏になり、OMSBも戻りますし、新曲も増え（スパンクス1期の曲を、初めてセルフカヴァーしたりします。このユニットを見た事がある方で、1期スパンクスをご存知の方なら、どの曲かご想像つくと思います）、もう何というか、とんでもないです。どんどん自分の音楽を表す言葉がバカになっていきますが。それが太いリアルなのだからして仕方がない。恒例の飲食とのコラボもやっちゃいますよー。今回の菊地チョイスボトルは、激々にデフ渋く、超クールなので是非味わって下さい。シャンパンが何とアンリ・ジロー、赤がジュヴレイのクロード・デュガ、そして何と、シングルモルトが初登場しかもハイランドパークの25年です。部屋で飲んでもバーで飲んでも昇天間違いなしの逸品を、我々の音楽を聴きながら飲めるのです。うわー。

イベントが終わると必ず「行けば良かった」というメールを頂くのですが、返答の仕様がない。来れば良いのに。何で来ないんだろう。としか書けません。興行に関する話も、こうしてどんどんバカになって行きます。今年の演奏は総て菊地潔氏に捧げます。総て捧げるのだから、捧げてないのと同じなんですけどね。うはははははははははははは。

初出　「第三インターネット」２０１４年２月７日

Yasuo Fujimura (-2014.3.10)

生徒か使途か

――追悼 藤村保夫

沖縄から戻ったら何と4キロ太ってまして、有料の方の世界（ドワンゴをプラットホームに運営されているメールマガジン「ビュロー菊地チャンネル」）には「キクチカメラ」という動画コンテンツがあって、ワタシの自撮り動画なんですが、今回は沖縄特別編という事で「キクチカメラ南へ」というタイトルで、1から4まで、火曜日から木曜までの3日間をドキュメントしているのですが（特別ゲスト：東京スカパラダイスオーケストラ）、通しで観ると、分速でワタシがブクブク太って行くのが手に取る様に解って、とても面白いです（笑・現在、成人して以来最高の67キログラム）。

それが何故かというと、何て事はない毎晩ベロンベロンになるほど飲み食いしているからですが（笑）、とはいえ新宿でもほぼ毎日ああなっているので、やはり沖縄のリラキシンと、泡盛のカロリー、沖縄食が、選びようによってはかなりハイカロリーである事、そして事務所や自室ではなくホテルにいるという遊び感覚などによって、似た様な事をしていても東京と沖縄では全然違うのだなあと思っています。

沖縄公演の評が、おそらく、ですがSNS等に散らばっていると思われますが、8年後のキュア・ジャズは、当たり前ですが、ちゃんと8年分加齢しており、それがしっかりと音に出て、かなり美しく、狂おしく、更に大人であり、更に子供である様な境地に達しています（子供を3人も産んで、尚かつ更に若返ったUAさんの、狂った母性の様な物に、ワタシは正直感動しました）。チケットをお買い上げの皆様とは、渋谷での逢瀬を楽しみにしております。

＊

我々にとって、大きな思い出のある本日ですが、UAの誕生日です。かおりさんおめでとうございます。と、さっきメールしました。

刻々と進むメルトダウンを想起（報道は、していないと言いはっていましたが）しながら、彼女の詩の朗読を聴いて、ああこの人は、こういう役割を天賦されているのだなあ、（当時から数えて）5年前には治癒をテーマにしたアルバムを作った。あれをまたやる時が来るのだろうか。と思っていたのを鮮やかに思い出しました。

＊

そして、生まれる人あれば逝く人ありです。ワタシが沖縄から戻ると、新宿ピットインのPA、藤村さんが亡くなっていました。

あまりに沢山の思い出、そして生々しい現場の話があるので、というか、大恩ある方への追悼の言葉を、インターネット上に書き連ねるのはあまりに辛いので、最小限にしますが、とにかくワタシは、沖縄滞在中にも藤村さんが危ないかもしれない。というのを知った上で沖縄に向かい（向かう直前には、ピットインの店長と三丁目のバーで――藤村さんへのケアを巡って――怒鳴り合いの大喧嘩をしました）、夜になると毎晩痛飲し、ぶくぶく太っていたのでした。

人間というのは、自分の顔も、声も、実のところ自分で客観視する事が出来ない生き物です。音楽家に一番必要な物はトーンで、フレーズでもスタイルでもありません。もしトーンが一番重要でなかったら、ワタシの序列は、現在より100位ぐらいダウンしているでしょう。

なので、音楽家は、その、最も重要な「トーン」、特に、ライブ中にオーディエンスに、自分の音がどう聴こえているか？　というのは、実は一生知らないで終わるのです。厳密に言うと、幻想の自己像（「これが俺のトーン」という幻想）を基準に生きて行く訳です。

その、基準を作るのが、ＰＡさんなんですね。これは大袈裟な話でも、ましてや感動的な話とかでもなく、ピットインでデビューしたジャズメン全員が、自分のトーンを、藤村さんに決めて貰っているのです。藤村さんが作った音が、自分の音として刷り込まれて、基準値を形成します。

「え？　俺は俺のトーンは自分で決めてるよ。藤村になんか決めて貰った憶えはないね」というバカもいると思いますが、そんなバカは――ワタシが殺すまでもなく――ロクな死に方をしないし、バカもいるのがストリートのリアルというものですから、良しとします。

ただ、ワタシは世界中で演奏しました、少々いやらしい言い方をすれば、今、年間で、ピットインで演奏する回数よりも、ブルーノートで演奏する回数のが多いです。将来はカーネギー・ホールやリンカーン・センターで演奏するかもしれません。

しかし、どの国のどんな大きなホールで演奏しようと、ワタシは藤村さんが作ったワタシのトーンを、ワタシのトーンとして把握し、それを基準に「もうちょっとハイを上げてくれ」とか「もうちょっとリヴァーブ減らしてくれ」とかいって整えていくのです。これは一生変わらない、というか、変えられないと思います。

藤村さん自分の音を作って下さって有り難うございましたとかいって、感動しようというような野暮ったい事は言いません（ワタシは、何か、昨今の日本人が、やたらと感動しよう、感動しよう、でなきゃ、素人臭いつまんないツッコミを入れよう、入れよう、としている風潮に吐き気がします）。藤村さんはかなり我が儘で気難しい人で、勝手に作られちゃったんだからしょうがないよコッチも。というのが本音に近い所です。両親に顔を決められてしまった。そういう話と似ています。

ただ、藤村さんが最後にピットインに出勤した日が、大西順子さんと一緒にやったモダンジャズ－ディスコティークの日だった事は、ギリギリ良かったな。と思うと同時に、辛かったと言えば、あの日が一番辛かったです。

藤村さんは、もう、ほとんど動けない状態で、その日もいつもと同じ様に、我々のトーンを決めていったのでした。ワタシは帰り際に「藤村さん、今日も良い音でやってくれて有り難うございました。次回もまたお願いします」と頭を下げました。藤村さんはもう、それがワタシかどうか判らないぐらいの感じで「ほあ……ああ……はい」と仰いました。癌細胞が、脳にまで転移している事が一瞬で判りました。

享年61と若くも、しかしキャリアはかなり長く、ワタシがピットインでジャズメンとしてデビューした時には既に堂々たるメインPAでした。東京に戻って、まだ大丈夫だったら、すぐに見舞いに伺おうと思ってましたが、果たせませんでした。新宿ピットインは、50年を超える歴史の中で、初めて生え抜きの殉死者を出した事になります。心から、ご冥福をお祈り申し上げます。

アッチには、同じく藤村さんにトーンを作られた名人がいっぱいいますし、名人達は、天国のステージでも、藤村さんが作ったトーンを基準に「もっとサックス上げてくれ」とか言っていた筈ですから、藤村さんが来ても「おお久しぶり」と言って、同じトーンでステージに立つと思います。ピットインは過去、六本木店を持ち、潰しましたが、これで天国店、即ち「天ピ」を出店した事になるでしょう。そこではいつまでも、朝の部と昼の部でしょう。ワタシは新宿者ですから、地上にいる間は新ピで、藤村さんが作ったトーンを吹き続けますんで。

＊

写真（ウェブ初出時は写真あり）は『ゲッツ／ジルベルト＋50』のリハです。キラキラ星の如きオールスター公演ですから、今更ワタシがお出で下さい等と言うのもマヌケなぐらいですが、ワタシが日本人で最もリスペクトしているサックス奏者である清水さんと、実に25年振りでご一緒出来るのは本当に嬉しく、当日はかなりリラックスして演奏出来ると思います（いつもリラックスはしてるんですが・笑。何というかな、自分のバンドの時は喧嘩の出入りのようなハイな気分でステージに上がるので）。

明日は、村井さんと相倉先生と鼎談の仕事に行きます。それにしても、写真にも写っている山下も併せ、ラッパーとして口汚く言わせて頂きますが、好き放題やってるエグイくそ爺いというのは本当にしぶといです。

だって山下さんがアル中でヤバかった時に、相倉先生がワタシに小声で「山下がもう危ない。生命力が低下してる……」とか言って、こっちが震え上がっていたら、ちゃっかり山下さんは蘇生し、今やすっかりお元気で、ヴァーヴの50周年かなんかのパーティーで生前のジョビンと邂逅した一端のボサノヴァ者として、伊藤ゴローさんのディレクションに軽く文句言ったりしているのです（笑）。

一方、相倉先生は『ジャズからの挨拶』『ジャズからの出発』という60年代の名著をニコイチで再発され（しかも、奇しくもアミリ・バラカ＝リロイ・ジョーンズの訃報を受ける形で。ジョーンズは狂気の煽動家で、相倉先生に明らかな影響を与えています。ワタシがアルバムで使い、ＤＪの時もよくスピニングする「ドープ」という演説スキットの人です）、それのまえがきを、菊地成孔という薄毛のやんちゃ坊主が書いているのですが、これがとても素晴らしく、帯には「ダンスひとつ踊れない君たちに相倉久人の再評価なんか出来ると思っているのかね？」と、物凄い事が書いてあるのですが、これは初校では２００倍口汚いもので、編集部さんにマイルドに直されてしまっているのです。

編集部さんは全然悪くないんですが、何せこの件に一番ガチ怒りしたのが、書いたワタシではなく、相倉先生だと聞いた時には爆笑してしまいました。神は一体どういう基準で、人を生かしたり殺したりしているのでしょうか。

さっき『戦前と戦後』の盤を初めて手にしました。何かヤバい盤だよなー。と、つくづく思います。隣にはSIMI LABの『page2 mind over matter』があるのですが、奇しくもこの、ダークな音楽がぎっしり納まった2枚はどちらもDVDとCDのニコイチで、どちらもジャケット写真の光度が異様なまでに低く（顔が判らないぐらい）、どちらのDVDにも菊地成孔という薄毛のキチガイが映っていて、特にSIMI LABの方では、ここ数年の自己ベストの演奏（しかも使われていない）が入っているので驚いてしまった。OMSBが作ったビートで自己ベストをたたき出している自分がとても痛快です。

とこうして、我々の生きる空間の中には、生と死が混在して激しく、そして静かに躍動しています。野菜と肉を喰う様にして、我々は死神とも生神とも戯れないと立ってもいられない。つっこみたい&感動したい。は生と死でも、肉と野菜でもありません。涙腺決壊だの、つっこみどころ満載だの、二言目には「神なんとか」そんな、植物人間みてえな事なんざやめちまえ。肉の塊として、立って歩けるんだったら。

初出　「第三インターネット」２０１４年3月11日

DJから葬式へ
——藤村保夫2

昨日は狙われた様な大雨で、というのは、終わったら数時間を待たずに、ウソの様にピタッと止んだからですが、4日連続イベントの幕開けがコレかー。と苦笑していたら、2日目のピットインに入るなり、PA席に花が飾られていて、ワタシは一人で黙禱してから演奏に入りましたが、この演奏がなかなかヤバく、良い調子で打ち上げで飲み食いしまくって更に体重を上げ、続く今日、小屋をスタジオコーストに移してのDJなんかもう最高で、何て天才なんだオレは。と感動していたのですが、最初のフロアはイースタンユースのライブが見たい人々に完璧なシカトを喰らい（笑）、2回目はクラムボンが見たい人々に、もっと物凄いシカトを喰らい（笑・あれほど激烈なシカトを喰らったのは初めてかも）、もうオルタナティブトーキョー（イベント名）なお若い人々は、オレの事なんかどうでも良い以上に、知りもしないんだ。良い歳して、若作りして、しかも、イースタンユースさんやクラムボンさんや七尾旅人さんや、あと、名前とか知らない若いロックバンドさんとかが出る場違いなイベントなんかにジャズやラテンやエレクトロやアフリカ満載で出たオレが間違っていたのだ……ううう……と涙を拳で拭いながら（実際はこのイベント、昨年の11月に予定されていて、DCPRGの出演が決まっていたんですが、出演決定していたあるバンド――「くるり」さんと言うのですが――がいきなりドタキャンしたため、集客の低下を懸念した主催者が延期措置を取り、延期したら今度はウチラがメンバー揃わず出られなくなってしまったので、ワタシが単独でＤＪをしに行った。という顚末です）、木場のスタジオコーストから代々木の葬儀場に向かう車中で喪服に着替え、藤村さんの通夜に向かいました。

＊

通夜と告別式が週末なので、来られないミュージシャンも多く、所謂「お別れの会」みたいなのをやりましょうよ日本のジャズミュージシャンの8割が来るよ。とピットインに言っていたのですが、とにかくワタシはギリギリで到着し、まあまあ、改めて見渡すに、驚く程小さな方舟でありまして、諸先輩、同輩、後輩含めまして、斎場が閉まるギリギリまで飲んで粘っている人々の名を全員列挙する事がいとも簡単という、（しませんけどね）例えば青木タイセイくんや坪口マサヤスくんや、峰さんや井上さんや井野さん等々、やはり管楽器奏者が多かったのが印象的でした。前回書きましたが、音を作って貰った人々。です。

＊

しかし、その中心にいて、座を仕切っていたのが坂田明さんという、完全に現世を超越されている先輩で（笑・この段階で、息苦しい喪服は脱いじゃって、ユニクロのフリースを着用されていました）、ワタシを見るなりいきなり体当たりして来て「ナルヨシお前、もっと世の中がおかしくなる様にかき回せよ！　かき回しなさい!!」と（笑）、仰るので「お元気そうで何よりです（坂田さんは脳梗塞で生死の狭間を彷徨われたので）」と申し上げると、あの声と顔で「ああ俺ぁ元気なんだよ。お前も元気でイケよ。かき回せもう、世の中を」と、イケよも何も（笑）、と思う訳ですが、「恐縮です。坂田さんにご迷惑がかからない様にします」と申し上げると、オオカミの様にニヤリと笑い「オレはお前に免疫あるから大丈夫なんだ」と仰って、一体どういう意味なのか人聞きの悪い（笑）。免疫も何も、もう読経も焼香も全員済み、斎場も閉まる、つまり、通夜も終わる、という時になって、何がどうなったのか、みんなでもっかい藤村さんに会いに行こう、という流れになって（笑）、坂田さんが勝手に木魚を叩き始め（笑）、慌てて皆で取り上げたのですが（笑）、今度は僧侶が詠み終わった般若心経を拾い上げて、木魚を勝手に叩きながら、あの顔と声で朗々と読み始め、最初は「いくらなんでもダメでしょコレは」と、引き切っていた我々も、何となくみんなつられて焼香したり合唱したりして、要するに、もう1回葬式になってしまった訳で（笑）、ホントに一番とんでもねえな山下トリオのOBつうのは（笑）。と思いながら、催事場の人々に頭を下げ「あの、大変な狼藉をしまして申し訳ありません」と頭を下げたのはこのワタシなのですから、「お前には免疫があるから大丈夫」とか言われる憶えは1ミクロンもありません。こっちの台詞ですよ坂田先輩。

イブリン・ウォーが「ラブド・ワン」で、葬儀ビジネスの腐敗と狂態を描き、それが映画化された当時（65年、菊地少年2歳です）、まだ我が国の葬儀は現在ほど商業化されておらず、ブラックユーモアSFの様に受け止められて来た訳ですが、我が国の現在の冠婚葬祭ビジネスも、やっと当時のアメリカ並みになったといいますか、ワタシ的には別に全然、ビジネスで全く問題ないのですが、というか、ビジネスライクだったから、本日の坂田さんの有り難い狼藉（みんな、あれで初めて「あ、藤村さんが完全に成仏した」と思ったと思います）も許された訳です。ただ、戒名（厳密にはああいうのは戒名ではないのですが）は「信士」、これは「居士」よりも仏教的には下で、何て事はない、値段なのです（○○院。というのがつくと更にお高く）。これを見た時は、こんなもん坂田さんにサインペンで面白おかしく書き直して貰いたいと思いました。

写真（ウェブ初出時は写真あり）をご覧下さい。トランペットの五十嵐一生が、献花を二つ出しているのが判ります。名義も一緒ですから、必要ない訳で、要するに気持ちが溢れすぎている訳です。「バカだなもうやっぱ五十嵐は」と苦笑しながら、ワタシはもう、涙を堪えるだけで顔面がヘトヘトになってしまいました。五十嵐は、自分の音の管理に病的にうるさく（特にリヴァーブ）、藤村さんと衝突を繰り返したあげく、自分用のリヴァーブやグライコを持ち込んで、自分でコントロールしようとしたり、PA卓に登らんという勢いだったのです（違う会場では、実際に登って、実際にPA作業をした男です）。「あの藤村を承諾させた男（藤村さんも病的に頑固だったので）」そして、心筋梗塞による臨死を体験した、誰よりもサウンド作りにうるさかったトランペッターは、遺体の両側に、つまりステレオで献花を捧げたのでした。All that Jazz you know?

初出　「第三インターネット」２０１４年3月15日

Yasuki Nakayama (1952 - 2015.1.28)

中山康樹逝去

中山康樹先生がお亡くなりになっていた事を、さきほど知りました。大変ショックです。日本のマイルス研究の巨大な雛形を形成し、特に自伝の翻訳は歴史に残るお仕事だったと思います。

好事家の皆さんにはご存知の通りだと思いますが、中山先生には、一時期は大谷共々可愛がって頂き、公開や書面でも鼎談等もさせて頂いていたのに、ある時、突如気でも狂ったかの様にワタシの批判に転じられまして、ワタシと大西順子さんと山中千尋さんの三人をDISするためだけの1冊を書かれたりし、ワタシは大急ぎで大西さんに電話をし「一緒に連名で告訴しましょう!! ワタシが山中さんにも呼びかけます!!! 面白いから!!（笑）」等と言っていたのが懐かしいです。あの時本当にやっておけば中山先生の人生の中でも大きな思い出になったのに、と思うと大変残念です〔追記1〕。

「奇麗ごとを書いてやがるな。だまし討ちみたいにいきなり激烈にヤラれたじゃねえか」と仰る方もいるでしょうが、本当に、全くそんな事はありません。ワタシは先日ブログに書いた「テロリストの群れ」にある通り、物陰からハンドルネームとかいう物を使って犯行に及ぶテロリストと、記名で、面識まであるのに、しかも遥かに下っ端の後輩に、それこそ死にものぐるいで食いついて来て下さった先輩を同列にする様な人間のクズではありません。中山先生からは愛情しか感じませんでした。マイルスを愛する者の愛し方が、普通である訳がありません。

ワタシを亡くなる直前まで可愛がって下さった平岡正明先生、清水俊彦先生の思い出も一生の宝ですが、亡くなる直前にいきなり滅多打ちにされた中山先生の思い出も全く同じです。ちゃんと会って、話をして、喧嘩が出来るという時代は、本当に良い時代でした。まだ動転したままですが、ご冥福をお祈り申し上げます。

初出　「第三インターネット」２０１５年２月６日

〔追記1〕

「老害」「ご乱心」「更年期障害」「死を予見していた」と言われる程の大暴れを演じた『かんちがい音楽評論』という当該書籍は、本文にある通り、菊地成孔、山中千尋、大西順子の三人を、ちょっとたじろいでしまうほどボロッカスに批判、嘲笑する、しかもそのソースが総てウェブ上での発言という、ある意味で天下の奇書だが、ジャズ批評家が「ジャズメンはジャズについて何も言うな！　書くな！　黙って演奏だけしろ‼」という「死んでも言ってはいけない事」を、1章（「ジャズ・ミュージシャンのかんちがい」）かけて言いたいだけ言いまくり、結果死んだ。乱心というより、解放だったのではないかと思う。

筆者が大西氏に、共同記者会見を開いて名誉毀損の訴訟（まあ、パフォーマンスであるが）をしよう、と呼びかけたのは事実である。この時は、大西氏が山中氏と知己がなく、「やられた三人が揃った絵がないとパフォーマンスとしての迫力に欠ける」という判断と、米国在住の山中千尋氏が乗ってくれるかどうかの確認が面倒だったので流れてしまったが、少なくとも大西氏は大乗り気で、筆者は大変ウキウキしたのを憶えている。

故人を侮辱する気はさらさらないが、中山氏は典型的な全共闘世代の知性、つまりもう使えない程度に古い上に「ロックファン（つーか、ビートルズが心の支え）からジャズマニアに（半ば無理に）移行」という、一種の誤謬を合理化すべく強硬化、という、タチの悪いマッチョで、筆者が知る限り、ジャズを理解する感性と知性においては、女性しかもジャズミュージシャンである山中氏と大西氏の50分の1にも及ばなかった。筆者は兎も角としても、中山氏が大西氏と山中氏に完膚なきまでに言い負かされ、中山氏支持のバカでマッチョなジャズおやじ連合が、気が狂わんばかりに悔しがる所が見せられたら（筆者は会場にオーディエンスを入れてのストリーミングを計画していたので）、日本の戦後ジャズ界が見せる風景の中で「痛快さ」に於いて極点を示すと同時に、完全なるパラダイムシフトを記録したであろう。故人のためにも、日本のジャズ界のためにもあれはやっておくべきだった、と思うイベントの一つである。

DEV LARGE (1969.11.24 - 2015.5.4)

追悼D

１９９５年。つまりちょうど20年前にあなたは何をしていましたか？　ワタシはＰＣすら持っていませんでした。携帯も持っていなかった。それだけで、その分だけは間違いなくクール。世界中が。

ワタシは32歳でした。それまでにも本当にいろいろな事が、少なくとも32年分はあって、ワタシは、何年も流れ流れた果てに、音楽という本流に辿り着いて、やっとバンドのデビューが決まった、その年でした。

今では「第１期スパンク・ハッピー」と呼ばれるバンドが、ワタシを生まれて初めて作詞家にしました。ワタシは自分からは何にもならない。いや、なれないのかも知れない。バンドがデビューする事になって、作詞家がいない。メンバーでヴォーカリストだった女性は作詞をしていましたが、ワタシにはそれがリリックにもヴァースにも思えなかった。これじゃダメだ。

なので自分でやる事にしました。ワタシは生まれて初めてノートとぺんてるのマジックを持ち歩くようになって、作詞を始めました。ノートに作詞を書き綴るなんてのは、髪の長いフォークシンガーがやる、身も凍るほど恥ずかしい行為だと思っていた。しかしそして、その仕事は今でも続いています。

鈴木博文、近田春夫、安井かずみ等がワタシの神々で、それを超えなければいけない。超えるというのがおこがましいならば、神々に跪きつつ、自分の供物を捧げ、身も捧げ、託宣が降りて来るのを持ち、書き留めなければ。

しかしそれは、いざ始めてみると、難事ではなかった。チャラいという意味ではない。スムースという事です。ワタシはいつもの、他の事と同じ様に、自分では出来る訳がないと思いながら作詞家になって、ガンガン作詞をする様になりました。

デビュー作のミニアルバム、それに続く初のフルアルバムには、サウンドや演奏も然る事ながら、あくまでワタシ個人にとってみれば、ですが、自分が初めて作詞家になったんだ。という事実のフレッシュさ、その瑞々しい悦びに満ち溢れています。

しかし、その年、同時に、ワタシの喉元に異教徒が刃を突き詰めました。この年、我が国に猛威を振るった、新興宗教よりも、自然の力よりもワタシを揺り動かした彼等は、無言のまま言ったのです。

〈今は刺さない。いつか我々に跪く事になる。どこまでお前が羽を伸ばそうと、我々の事は無視する事は出来ない〉

生まれ変わったばかりのワタシに対し、異教徒達は不敵な笑みと共に去って行きました。少なくとも、ワタシの眼前からは。

当時、当然のごとく本名で活動していたワタシや仲間達に対して、彼等は皆、ホーリーネームを持っていました。そして、そのネーミングのセンスは、ワタシを怯えさせました。

彼等がいかつくて恐いという意味ではありません。きっとこのネーミングセンスは、欧米に於ける、十二使徒を始めとした聖書の登場人物達の名の様に、世に満ちるであろう。彼等のヴァースとフロウは、エスペラントより遥かに、世界言語になるであろう。

ワタシには彼等が、とんでもないエリートの、とんでもないエレガンスで不敵な、天使の様に見えました。そして天使達は、再び去って行った。

しかし自分が羽ばたいた瞬間に、自分を脅かす物があるというのは、本当に素晴らしく、豊かな事です。

異教徒の詩を、ワタシは毎日聴いた。その強度に怯えながらです。そして、パーカーのソロを、ショーターのソロを、ドルフィーのソロを全部暗記してしまう様に、彼等のヴァースを完全に暗記してしまった。

コードFの直前には必ず♯F7が鳴る様に、ワタシは「LIKE A」の後には「御用牙」か「ラスタファリアン」か「銭湯の煙突」が続く様になり、そして「YO」の後には「そして天まで飛ばそう」が鳴っていました。「イルでいる秘訣知ってる」というフレーズは、文字通り異教徒の経文として、「天にましますわ我等が父よ」等と並び、ワタシの脳からひとときも離れた事はありません。

もう逃げられない、逃れられない、忘れる事は出来ない。体の中に、異教徒の偶像である異物が埋め込まれた様な感覚。ワタシの全身の皮膚に、耳なし芳一の様に、彼等の経文が書かれた様な感覚。

そのままワタシは、更に20年を過ごしました。またしても本当に、本当にいろいろな事があった。しかし胎内に埋め込まれた異教徒の偶像は、ワタシを苦しめも、そして楽しませもしなかった。

それはただ、禍々しく埋め込まれているだけで、どうにもならなかったし、どうしようもなかった。DCPRGを作っても、スパンク・ハッピーが第2期を迎えても、『デギュスタシオン・ア・ジャズ』を発表しても、『南米のエリザベス・テイラー』を発表しても。

彼等がワタシに突きつけ、埋め込んだ物は、海外旅行者が楽しく、そして最低限の謹みと畏敬でもって接する、異教徒の宗教建築や音楽の様に、ワタシをハッピーな観光客にしてくれなかった。

ロックミュージックなんてえものは、ワタシにとって、奈良の大仏とか、ベニスのサン・マルコ寺院とか、タンジールのモスクとか、そういった、単に素晴らしく、由緒ある建築物に過ぎません。

身体に埋め込まれたモノリスが光り出し、振動し出したのは、20年前には想像も出来なかったYouTubeという不思議なフォームの中に、あの異教徒達の子孫が姿を現した事からです。

SIMI LABという恐るべき子供達は、QN、DyPRIDE、OMSB、Hi'Specという、明らかに彼等のホーリーネームを引き継ぐ名を持っていたし、彼等のフロウの中、ヴァースの中には、チョコミントのアイスクリームに於ける、粉砕されたチョコレートの欠片の様に、異教徒の託宣が埋め込まれていました。

お若い方には、20年越し、30年越しという実感、下手したら、10年越しという実感もリアルでないかもしれません。

ワタシは誰もいない深夜のバスルームの中で、20年もの間ずっと、自分の体内にあった異教徒のモノリスという異物を、とうとう手づかみで引きはがした。力道山が深夜の相撲部屋で髷を切った様に。

祝福の出血が滝の様に噴き出し、ワタシは50歳にして、異教徒と行動を共にする事にしました。

山下洋輔という最初の神の従者となったワタシは、その後、自ら信仰する神々のほとんど全員と接見しました。あの、ウェイン・ショーターとさえ。

故人の教団名を出すまでもなく、R.I.P.などとは言えない。この世に故人が生まれなかったら、日本語のヒップホップは、全然違う、想像もつかない姿だったかも知れない。

そして、故人とワタシは、異教徒同士だったが故に、3歳差のまま、とうとう直接会う事はありませんでした。ワタシがヒップホップ界に足を踏み入れてから、僅か2年しか経っていない。しかしワタシは、彼等の子孫とともに、次の時代の音楽を作ろうとしています。ワタシにとって、最も偉大なる異教徒の一人であるDEV LARGE氏の魂は、おそらく、まだしばらく、我々の元にあります。

今日は、ワタシのバンドの新譜を聴いてゆく回ですが、先ずはこの曲をプレイさせて下さい。今日の1曲目です。BUDDHA BRANDで「人間発電所」。

BUDDHA BRAND
「人間発電所」
『人間発電所』
カッティング・エッジ/2003所収

初出 TBSラジオ「菊地成孔の粋な夜電波」第206回/2015年5月8日

あとがきにかえて
菊地雅章と相倉久人、相次いで逝去

菊地雅章7月7日に死す
――「CIRCLE/LINE」を演奏し続ける世界で唯一のバンドが出来上がるまで

ワタシは自著で良く、幼少期の事は書くのですが、思春期／青春時代については余り書いた事がなく、これは「フロイディアンなので」というこじつけも勿論不可能ではありませんが、「中学～高校にかけて、さして面白い話がなかった（エッセイみたいな物のネタ的に）」というのが最も妥当に思えます。

それは中～高6年分まとめて「音楽と本と映画に（異様なまでに）のめり込んでいた」と書いてしまえばそれで仕舞い。という有様で、現在の仕事道具である楽器との第一接触、どこにでもある恋愛遊戯、喫煙の始まり、童貞喪失、大学受験に失敗、といったごくごく一般的な通過儀礼的なエピソードも、生みの親と育ての親の交代劇、愚兄がいきなり（本当にいきなり。まるで自然災害の様に）長者番付で1位に、といった、余り一般的ではないエピソード群も、どちらもあるにはあるのですが、これら総てを、ワタシ自身が「さして面白い話」に感じられないのは、所謂「思春期的な苦しみ」とワタシが無縁で、勢い、噛みごたえのあるエピソードのなかった季節、という風に片付けてしまっているからだと思います。

フロイドに従うまでもなく、自己分析というのは相当な鍛錬を積まない限りは誤解を越える事は滅多にありませんので、ワタシが「思春期的な悩み。が自分にはなかった（少なくとも、中〜高時代は）」、と考えたがるのには何らかのトラウマが働いているだけで、実際は全く違っていたのかもしれませんが、少なくとも自意識としては、とにかくワタシは音楽と本と映画、更には女の子とのちゃらいデート、そこに熱狂的な自慰と食事を加えればカードは完全に出揃ってしまう訳ですが、こうしたもの達にかまけていて、あの、テレビドラマやら映画やらに溢れかえっている「青春の葛藤」という、無力感とエネルギーと自意識の大戦争のような事は、ワタシの内面では奇麗さっぱりと切断され、一切起こっておらず、友人達がまるで小説の主人公の様な事を言い出したり、あまつさえ頭を抱えて（本当に抱え込んで）唸ったり泣いたり、走り出したり叫び出したりするのを見ては、精神病に罹患してしまったのでは？　とたじろぐばかりでした。

今から思えば、ああした発狂状態に陥らぬために、毎日失神するほどの勢いで音楽を聴きまくったのかもしれませんが、ひょっとしてそれは、鶏と卵の例えであって、実のところ、こっちは一足先に音楽によって完全に発狂していただけなのかもしれません。ワタシが未だに、「青春の方が音楽の上位概念である様な音楽（それは、合戦時の敵の軍勢の様に、視界いっぱいを埋め尽くすほど世に満ちているのですが）」に対して、嘲笑と殺意と憐憫を同時に抱くのは、自分を律していたヒエラルヒーを足蹴にされ、転ばされた様な気分になるからだと思われます。

と前置きが長くなりましたが、ワタシはこうして（これは、後に精神分析医に指摘された事なので、客観性を持つと思われますが）異様に官能が長持ちし、エロチカとトランスが何十年も衰えずに続く、一種の精神的な特異体質なので、小さな神懸かりのような事が群発します。菊地雅章氏の『ススト』が発売された１９８０年に、ワタシは17歳でした。

78年から82年は音楽に於けるグレートヴィンテージです。毎週の様に歴史の画期をなす名盤が量産されながらもインフレが全く起きないという、理論的には完全に破綻しているほどのベルエポックの中、このアルバムは「友&愛」という貸しレコード店の店舗から、青春の地獄という至高の悦びすら投げ打った高校2年生の自室に届き、１２０分用のカセットテープに録音されて、１日で50回以上再生された筈です（因みにまだソニーの「ウォークマン」は発売されていません）。

「JAZZ LIFE」を読んでも読んでも、このアルバムの事も、この人（菊地雅章氏）の事も解らない。こんなに物凄いのに、批評家に理解されないのだ。こんなに素晴らしいのに、批評家はまるで、申し合わせて口を閉ざしているかの様なのだ。「ススト」とはスペイン語で、恐怖による一時的なショック状態の事を意味する。何て素晴らしいタイトルなんだろう。何て素晴らしいジャケットなんだろう。来るべき80年代の総てがこのアルバムにはあるかも知れないというのに。

総てを知るのは、まだずっとずっと後です。17歳のワタシは、とにかくこのレコードの発売記念コンサートを聴きに行くべく貯金を始めました。菊地雅章氏はどうやらニューヨーク在住で、日本人でありながら、来日アーティストなのです。ワタシの記憶が確かならば（かなり怪しいんだけど・笑）、東京公演は中野サンプラザでした。

実家の勉強部屋でショックを受け、なけなしの小遣いを貯金して、在来線の特急から中央線に乗り継ぎ、東京まで来た高校生が見たものは、「ジャズミュージシャンの来日公演」というパブリックイメージから最遠地点で行われている不条理で、混沌と錯乱、怒りと恐怖、遂行と頓挫が渦巻く、一種の戦場でした。音楽家としてのワタシのインスピレーションは、この日に遭遇したこの事のみ、唯一青春期から採集されています。

アルバムに参加している豪華メンバーはほとんどいない、誰だか解らない様な者まで含む、オンステージの瞬間から既に怯えきったメンバー達は、おっかなびっくり演奏を開始しては、みるみる悩める哲学者の様に顔をしかめ出し、萎える様に崩れて行き、やがては（何と）止まってしまうのでした。

萎え始めてから菊地氏は怒鳴り出し、結果それは公演中ずっと続きました。さすがに演奏を止めてはいけないと思ったメンバー達は、その事実をごまかすために、見よう見まねに近い状態で音を出すのですが、その必死の行為にまで菊地氏は怒号を響かせ、癇癪持ちの多くがそうである様に、周囲を完全に石化させたまま、最早自分でも何に対してどう怒鳴っているのか解らないかの様でした。

「ああ、この人は上手く行ってないのだ。アルバムが売れなくて、来日メンバー用の資金が足りず、参加メンバーが呼べないのだ。そして、あんな難しい曲（『ススト』は構築的な難曲ばかりで構成され、総ての曲の完成度は、今の耳で聴いても充分鑑賞に堪え得る、永遠の斬新さに満ちています）を、きっとリハーサルもろくにせずにステージに上がったのだ。これが天才だ。いま、物凄いものを経験しているんだ僕は」

ライブがどうやって終わったのか、どうやって自分の勉強部屋に戻ったかすら、ワタシは憶えていません。この時の衝撃は、ワタシがそれまで経験した、千葉県銚子市の市民会館に来たジャズの公演のどれとも全く違うものでした。

カウントベイシーのビッグバンドには涙が出た。会館員に頼み込んで楽屋裏に連れて行って貰い、生まれて初めて黒人ミュージシャンとハグすると、彼等の香水の香りは、自分の周囲にいる水商売の女性達のソレとは全く違う、高級感溢れるものだった。ネイティブサンのライブが終わり、アンコールも終わった後、自然に始まったソウル風のジャムセッション、そのパセティックなスローダウン感は、今でも明け方三丁目のソウルバーでジントニックを飲む時に蘇り続けている。MJQの粋、渡辺香津美の気持ち悪いぐらいのテクニック、渡辺貞夫の余裕綽々、ジャズの醍醐味。音楽の悦び。

それらを、総て吹き飛ばしてしまう眼前の異景。脱構築。純正のポストモダン。こんな事をしてる場合じゃない。今日起きた事を、自分の中で何とかしないといけない。何とかしないといけないんだ。世の中には「何とかしないといけない事」というものがあるのだ。

そこから先は、在り来たりな青春の門立志編〜上京編で、総てを省かせて頂きます。転びに転び、流れに流れて、ワタシは東京は新宿のジャズシーンという現場まで辿り着き、誰もが知っている「プーさん」のほとんど総てを知っていく事になります。

引退中のマイルスとセッションしていた事、そもそも、ソニー・ロリンズの最初の来日でピアノを弾いた人物である事、「ジャズ界の〈ナイトフライ〉」〔注1〕と言われる『ススト』の商業的失敗によって自殺未遂まで起こした事、ミンガスの様なとんでもない癇癪持ちで、グールドのように唸りながらピアノを弾く。赤瀬川原平氏そっくりの相貌で、名だたるニューヨークのジャズメン達と交流、あらゆる天才達の断片を掻き集めて、ブリコラージュした様な完全な天才、そして完全に欠如したスター性。世界一のミュージシャンズ・ミュージシャン。気がつけばワタシは、あの中野サンプラザの記憶をすっかり失っていました。

本当に重要な事を始める時、ワタシはほとんどの場合、雷《いかづち》に撃たれた様に天啓が舞い降り、それを捕まえてすぐに実行してしまいます。ワタシがプロのミュージシャンになってから約15年が過ぎた1999年。気がついたらワタシは、絶対に出来る訳がないと思っていた「自分のリーダーバンド」のレパートリーとして、坪口昌恭と採譜した「サークル／ライン」のスコアを持ってリハーサルスタジオにいました。

ほんの数ヶ月前にいきなり思いついた「実際に生で完全演奏された事がない曲を、ダンスミュージックとしてクラブのフロアで演奏する」という異常ギリギリのコンセプトだけがワタシを憑き動かしていた。完璧な成功のイメージ。絶対に間違いない。あとは実演するだけ。しかし出来上がった楽譜と演奏の進行方法は、正気で事を捉える限り、実演は諦めなければならないレベルにありました。リハーサルは困難を極め、リハーサルスタジオは、あの時の中野サンプラザと化しました。違ったのは、途絶える事なく鳴り続けたのが怒号ではなく、躁状態になったワタシの、けたたましい笑い声だったという点だけです。

着想から初ライブ当日まで約2年間、2000年4月、完全な自信、という一種の発狂状態のまま仲間達と渋谷のON AIR EASTのステージに上がったワタシは、もう、天国にでもいる心地で、「ハイ行くよカウント4で、1、2、1234」と言って演奏を開始しました。その後約9分間、「サークル／ライン」は恐らく世界で初の、中断なき実演完奏が行われ、ほとんどの観客は恐怖に近い衝撃を受けたまま、呆然と座っていました。以後、このナンバーは、dCprG（当時は「DATECOURSE PENTAGON ROYAL GARDEN」）の15年の歴史の中で、一度も欠かさず演奏され続けています。ローリング・ストーンズさん達の「サティスファクション」に比べれば、まだまだなのは言うまでもありません。

その後の事、プーさんとの総ての思い出は、もしワタシがもっともっとジャズの本を書かなくてはならなくなった時が来たら、もう結構と言われるまで詳細に書かせて頂きます。ひとつだけ申し上げるならば、その思い出話は、どれも、ここまで書いたどの話よりも、悲しく、恐ろしく、そしてやはり極上の面白さで、モノによっては活字に残せる様な代物ですらありません。

しかしプーさんとワタシは、外野が思うほどには親しくなりませんでした。共演は一度きり（2007年、於新宿ピットイン）、ニューヨークで病に倒れたプーさんの治療費を集める支援コンサート（2012年、「I LOVE Poo」於新宿ピットイン）に出演した事がきっかけで病床のプーさんとメールのやりとりを3往復ほど。直接のコンタクトはこれだけです。

そしてワタシは、プーさんに「プーさん、俺、スストの曲、カヴァーさせて貰ってるんすよ」等と伝えた事は一度もありません。再びそして、天才は多く、ワタシをオリジナルの名で呼びます。プーさんはワタシを「成孔氏」と呼び続けました。「呼び続け」と言っても、恐らく呼ばれたのは全部で5〜6回です。ワタシが声に出して「プーさん」などと呼んだのは、恐らく1〜2回だけです。しかし我々は、はっきりと、通じていた。

〈プーさんが入院先の病院で亡くなった。でも死因は病気じゃない、病院で倒れて、頭を打ったんだ〉という一報が入った時、既にワタシはこの本を一度書き終えんとしていました。そのまま行けば、最後の追悼文はDEV LAGE氏へのものとなる。「成孔氏。HIP HOPはオレも好きだけど、何かそれ、ちょっと違うんじゃないの？」という、プーさんのとぼけた喋りが本当に、聴こえて来る様でした。

ご遺族、そしてプーさんをマイメンだと思っている総てのファンとミュージシャンからの不謹慎の誹りを承知で敢えて書きます〔注2〕。ワタシは「プーさんだってもう75だ。闘病生活が何年も続けば、足腰の筋肉も落ちちまって、階段や手すりで転んじまう年寄りが多いだろ」なんていう正気の沙汰は御免被りたい。お前等プーさんを何だと思ってんだ。ワタシは、プーさんが「あぁもう面倒くせえ」と、ニューヨークの病院の中からニューヨークの病院の中に向かってダイヴしたんだと信じる事にします。それこそがオールナイト・オールライト・オフホワイト・ブギ、かつススストな七夕様のデザートムーンであり、真の意味でのフラミンゴの飛翔だと言えるでしょう。

〔注1〕

米国のバンド「スティーリー・ダン」のドナルド・フェイゲン初のソロアルバム。82年リリース。合衆国のポピュラーミュージック史上、10指に入るハイバジェットを記録し、世界で初のフルデジタルレコーディングが行われ、現在でも多くのエンジニアが、新設されたミキシングルームのオーディオチェッカーに使用している、等々、音楽そのものの偉大さ以外にも、様々な記録を持つ伝説の名盤にして、フュージョン／AOR／ソウル／ポップスといったジャンルを超えた80年代音楽のクラシックス。全米チャートで最高が11位までとやや振るわなかったが、何せ82年はマイケル・ジャクソンの『スリラー』だ、TOTOの『聖なる剣』だ、オリビア・ニュートン＝ジョンの「フィジカル」が収録されたアルバムだ、サヴァイヴァーの『アイ・オヴ・ザ・タイガー』だという、とんでもないグレートヴィンテージで、「あの〈ナイトフライ〉がたったの11位」とやや腰を抜かすべきでもあるし、「あれほど大人っぽい内容の洒脱で文学的な内容なのに、この年に11位を獲得したのは偉業」とも評価出来る。

『ススト』は、実額こそ公表されていないが、残されている様々な証言や伝説の類いも掻き集めると、フュージョンブームに湧き、ディケイドも変わり、一方でマイルス・デイヴィスが復帰するという、戦後ジャズの最好景気ムードに乗り、マイルスの引退中にバンドに参加、ギル・エヴァンス・オーケストラに参加という菊地の、在ニューヨークの邦人アーティストの中では飛び抜けたキャリアも併せ、莫大なバジェットが投入されたが、制作は音楽性の高さと引き換えに困難を極め、1枚のアルバム用に製作された楽曲を2枚分に分けてリリースされる憂き目に合った上(『ススト』は、4曲しか収録されていないアルバムである)、先鋭的である事が現在よりも遥かに市場価値を持っていた時代に、先鋭的すぎるという理由でマーケットも批評も振るわす事が出来ず、菊地はその後6年間シンセサイザーの多重録音作業に費やし、公式アルバムはリリースされていない。

〔注2〕

菊地雅章は崇拝者から取り巻きまで、天才型ジャズメンに多いパターンとして、カルト的な人気を誇っていたが、筆者の「サークル/ライン」カヴァー。は彼等の中で先ず徹底的な非難を受けた後、所謂「なかった事」として、例えば菊地(雅)の公式サイトのバイオグラフィーには一切の記述がない(我々の2枚のアルバムは、名門「インパルス!」レーベルから、日本人初の契約アーティストとしてリリースされているというのに。そして、そのどちらにも「サークル/ライン」は収録されているというのに)。そもそもクラブに来れない、以前に、そもそも音楽で踊る事を低次元と捉えて疑わない彼等は、最初「お前のカヴァーにはブルースがない(恐らく「クラブなんかで派手にやってるから」笑)」という説教のメールを寄越し、しばらくして「あの複雑なグルーヴが解っていない」というメールが続いた時には、不覚ながらアイスコーヒーを派手に噴いてしまった（笑）。ダンスは子供の遊びで、座って膝や指先を適当にガクガクさせる「ジャズ喫茶痙攣」が高尚な鑑賞態度だと決定させてしまった様々な者共がグルーヴ等と口にしたら神罰が下るだろう。しかし、立って踊る事も出来ない身体のまま、腕組みをしてグルーヴを語るというのが我が国の、特に団塊の世代のジャズ批評家／ジャズ愛好家の平均的な能力であり、かなり低い地点に引かれてしまった限界線を引き直す事は誰にも出来ないであろう。我々の演奏と聴衆とのグルーヴの交感は、ニューヨークの地下鉄の様に、一時的な停車を繰り返しながら夜通し続く（「サークル／ライン」はニューヨークの地下鉄に乗り込んで周回している主観で書かれた描写音楽である。ニューヨークという街のグルーヴを活写した音楽は数あれど、80年代のそれを捉えて最上の物を記録しているのが日本人だという事実には永遠の新鮮さと狂気が宿っている）。

相倉久人、翌日7月8日に死す
——死神から死神への慰労

相倉先生。やっとこの本を終える事が出来ます。「先生が最後で、本当に良かったです」なんて書いたら、それは完全に本音だけど、オレと先生の関係について知らない外野、つまり地球上でオレ以外の、一人残らず総ての奴等が「てめえざけんな。何が〈良かった〉だ」と怒り狂うかも知れないですね。あるいは、訳も分からず感動しちゃったりして（笑）。まあ、何も知らない奴等には騒がせときます。はい。

ワタシは、この本の出版を5年も6年も断ってました。それで、ある時急に書く事にしたんですけど、こんな話、先生には一度も話した事がないですよね。オレはあの、お袋に関してちょっと面倒くさい事になってて、それで、お袋がくたばったらおっかないなと思って止めてたんです。でもまあ、それも神経症だよなって思って。オレが何かするのと、お袋の寿命に、因果関係なんかある訳がない。

んで、書き始めたんですけど、相倉先生、今だから言いますけど、本当は、ちょっと怖かったんです。お袋だけじゃなくて。でも、先生、ガンで前立腺も取っちゃってるのにひょいひょい歩いてお元気だし、とにかくオレが可愛がって貰った先生方で一番お元気なのが相倉先生と瀬川先生だから、絶対そんな事ある訳ない。って信じてたんですよ。先生、だって「死神」ですもんね（笑）。

でも、心は正直です。「信じてた」っていっても、心の片隅では、やっぱ冷や冷やしてたんですよ。だって、オレも死神なんで（笑）。

だからほら、この本の第二章を書き終えたら——以下、業界内の暴露話になるけど、オレ、あいつの事絶対に許さないから——先生が、アレ間違いなく先生の寿命縮めたと思うんですけど、あのバカ（武士の情けで実名は出さないでやりますけど。オレの目の前に現れたら、オレもう、自分が何しでかすか分んないです）が編集する、先生の本を出版停止にするって言って、もう何十年かぶりでブッチブッチに切れたでしょ？　関係者全員にＣＣでメールして。

オレ本当に、先生とつるんで楽しかったし、最初に書いたみたいに、この本の最後が先生への、その、弔辞になるってのは、あくまで本として、そして、一番のオレオレだった先生のお人柄的には良かったと思ってるんですけど、あんとき、先生がご乱心どころじゃないキレかたした（何が言いたいのかわかんないぐらいキレてましたから）時に、「なんか危ねえな」っていうサインが読めなかった事を、一生悔やむと思うんです。

あんときは、オレもあいつに過去ファックな目に何度も遭わされてたし、先生が大暴れした事を「まだまだお元気な証拠だ（笑）」なあんて、マネージャーの長沼と笑っててね、んで、冗談と皮肉ばっかりの、先生をいさめるメールを出したでしょ？　あれ、生きてる間は、ひょっとして、読んで頂けなかったかもなあ。今は、それが全文コピペ出来る時代になっちゃってますけど、勿論、一文字も書きませんけどね。全然オレ、先生が切れまくって大暴れして、元気だなって嬉しくなっちゃって（笑）、ニヤニヤした感じのメールになっちゃって、それで、なかなか返事が来ねえな。とか思って、ええ、ひょっとして……と思いながら、この本書き続けてたんですよ。

そしたら、こんな事になっちゃって。

＊

最初に直接お会いしたのは2006年で、先生の生前最後の本となった『されどスイング　相倉久人自選集』に収められている、ワタシとUAのコラボーレーション・アルバムに対するインタビューです。「相倉先生が自らインタビューを強く望まれた」と聞いてワタシが思ったのは「うおおお。さすが相倉久人（面識がなかった当時故のリアル敬称略です。ご了承下さい）。これに喰いついて来たか。全然鈍ってねえな」という、いやあ何ともはや、生意気ここに極まれる独白を漏らしたものです。

ワタシは大変な恥かきっ子で、産みのお袋が45過ぎてからおぎゃあと出てきたもので、生まれた時から祖父母が一人も存命していなかった、つまり、52にもなって「ミッシング・グランパ＆グランマのスーパー孫キャラ（笑）」である事は、清水先生、平岡先生、中山先生のとこに書いた通りです。マキさんも、そうだったのかもしれません。

つまり、「自分のお爺ちゃん世代」との繋がりの方が強く、平均的な父親世代（所謂団塊）に対しては、一般装備のオイディプスコンプレックスをやや超えたコンフリクトがあって、本当はビートルズとかフォークが好きな癖の全共闘世代のバカ共がやせ我慢してジャズ喫茶やジャズ批評なんかやって、テメエらの限界をデフォルトにジャズを「高級」で「難解」なモンだって、威張り腐って下をオルグしたお陰で、今の日本のジャズ批評もマーケットもおかしくなっちまったんだ。全員葬ってやるオレの音楽でな。ぐらいの（笑）。もう自分が愛おしくて仕方がないほどのバカっぷりなんですが（笑）、やっぱ内面に抱えている本音は口にしなくても染み出るみたいで、本当に可愛がって頂いたのは亡くなられた清水（俊彦）先生、平岡（正明）先生、まだまだお元気な瀬川（昌久）先生等で、中でも相倉先生とは、かなりフランクにお付き合いさせて頂きました（一応念のため。ワタシは中学生の頃から全著作を熟読した、相倉愛国少年みたいなモンだったんです）。

ワタシのコンサートにほぼ必ずお越し下さっていたのは言うまでもなく、対談も何度もさせて頂き、山下洋輔トリオ40周年記念コンサートの司会をご一緒させて頂いたり。また仕事だけではなく、傘寿のお祝いにお贈りさせて頂いた、伊勢丹で買ったマフラーを、冬場になるとコーディネートと関係なくいつでも巻いて来て下さったり、対談の際に先生が同じ話をループし始めると「先生それ10年前から数えると500周目です」だとか、山下洋輔さんの半自伝本の出版イベントで三人で鼎談した際（あれが、お会いした最後になりましたね）、山下さんの御祖父君が大変な建築家であった話を受けて、あろうことか聞き手である相倉先生が、〈自分の祖先も偉大だったのである〉と言って家系図みたいなのを広げようとしたので（笑）、「この中学生みたいな負けん気が長寿の秘訣ですか（笑）」と言いながら、その家系図を奪い取って鼎談を締めてしまったりして先生もワタシも呵々大笑、といった関係になり、それは召される日まで続きました。ワタシが骨を拾ったのは生涯で先生が二人目です（一人目は本書にある通り「房江ちゃん」です）。正直、まだ全然悲しいです。とても。

ただ、ワタシと先生のこうした関係は、前述のフロイド的な構造から来る、擬似グランパと擬似孫という単にあったかい、ほのぼのとした物だけでは決してありませんでした。

前掲書中の「UA×菊地成孔〈CURE JAZZ〉の魅力にやられて、または「スモーキング・ルーム」のソニー・ロリンズ」をお読み頂ければ少しは立体的になるかもしれませんが、テメエが中坊の頃から著作をほとんど総て読破していたレジェンドであり、自分の演奏家としての師匠にあたる山下洋輔（敬称略）の師匠である、つまりは大師匠にあたる相倉久人との初顔合わせは、音楽家と批評家の、大袈裟に言えば命がけの真剣勝負でした。あの時の（日本の戦後ジャズ界の流れなど、ましてや目の前にいるお爺ちゃんが、どんなキャリアを持った批評家であるか、知る由もない）UAのポカーンとした顔を、ワタシは一生忘れないでしょう。

コッチは「相倉がこのアルバムについてどう感じ、考えているか全部解っている」と思って睨みつけているし、先生は先生で「こいつは頭が切れる。自分のどこが優れていてどこが弱いか知っている。なので、ちょっと引っ掻いただけで倍返しして来るだろうし、安易なほめ殺しも通じない」と、ガードを固めたまま、先生はアルバムには全く関係のない話に終始してタイムアップを狙い（これは先生が60年代からたまに使っていた戦法です）続けました。

完全な膠着試合の中での、たった一度の接触は一瞬でした。「君と良く似た音楽家を二人知ってるんだよな。一人は近田春男、もう一人はテオ・マセロ。ただ、君の音楽は計算づくに見えて、極めて叙情的なんだな。そこは全然違う」と、まだ「相倉久人」だった先生はワタシに目を合わせないまま、クマの様に部屋の中を歩き回りながら言い、ワタシは「相倉先生がジャズを足がかりに、ポップの問題を他の誰とも違う思考と実践で観察して来られた事をワタシは良く知っています。スムースジャズでもフュージョンでもクラブジャズでもなく、このアルバムに先生が反応して頂いた事は、とても光栄ですし、とても嬉しいですし、そして、当然の事だと思っています。見逃されたらどうしよう、と思っていました（笑）」と、相当ニヤニヤしながら、腕組みして歩き回る先生をガン見しながら申し上げました。

気がつけば、刀の柄に手をかけたまま1時間ほどにらみ合ったままの我々は、お互いが倒れそうになるほどの膠着試合を終えていました。そして、無言のうちに「今後は良いお爺ちゃん、良い孫息子としてお互い仲良くやりましょう」という暗黙の了解を交わした。と考えています。

逆算すれば亡くなられる約10年前にあたります。同書巻末にある初出一覧を仔細に眺めれば、相倉久人が「現役批評家として、邦人の新譜を批評」していたのは、この当時までで、その後、ゆっくりと現役感、「老いたりとはいえエッジであり続ける孤高の批評家」という立場を手放され、10年代に入ってからは、族長、ご隠居、元老、好々爺、目立ちたがりの気の若いお爺ちゃん、といった振る舞いに安心してシフトされました。

〈死人に口無し菊地成孔〉というのはラッパーとしてのワタシのパンチラインのひとつで、後だしジャンケンで好きな事言ってやがる。と思う方がほとんどでしょう。しかし、ワタシは、「ウィットネスがUAしかいなかったあの決闘が、先生の実質上の引退試合になったのだ」と、今でも信じています。

ここから先が、この、死者ばかりが登場する本の、本当のあとがきだと思って頂きたい。ワタシはそうして、相倉先生と、可愛い、頭の良い、お爺ちゃんの事をほとんど知ってる孫と、安心して仕事を継いでくれる孫を見つけたお爺ちゃんとしての、ロールプレイであり、リアルである関係を続けました。

しかし、先生がHIP HOP用語である所の、元祖MC相倉であり、日本のビートニクのオールドスクーラーでありながら、転向に転向を重ねつつ、しかし、ご自分の芯の芯には、天性の扇動家であり、大変な知力と感受性から醸成される、唯一無二の視点を持つ、孤高の批評家としてのお姿が残存している事を、ワタシは先生の「優しいお爺ちゃん化」の共同責任者でありながら、否、あればこそ、先生の中のキラーの面を、最低でも一度は、マスメディアに乗せないといけない、と思い続けていました。

2013年、ワタシのラジオ番組（TBSラジオ「菊地成孔の粋な夜電波」）に、先生がゲストでいらっしゃった際、ワタシは、仕掛ける事にしました。聴いているリスナーの誰にも解らなくても良い。これはオレが、やるべき「仕事」だ。日本のジャズシーンのために。

既に付き合いも長く、我々の対談を収録した先生の著作の宣伝のため、いつものキャップを被ってニコニコされながら着席し、「やあやあ菊地さん」等と仰って、いつものヘッドフォンを装着し、もう、何度繰り返したか分からない、「相倉流コンサート司会術」や「そもそもジャズミュージシャンになりたかったが、楽器が買えずに仕方なく物書きになった話」「菊地が上手くまとめてくる、日本戦後ジャズ史に於ける分岐点や消失点に関する質問の束に答える」といったリラックスして楽しい時間が始まろうとしていました。

番組が始まり、お決まりのジングルが流れました。先生の紹介を簡単に済ませると、ワタシは、開口一番、こう言ったのです。

「先生、ワタシね、懇意にしてくれる方がみんな死んじゃうんで、死神って言われてるんですよ（笑）」

この言葉を受けた時の、先生の目の輝きに、ワタシは鳥肌が立ちました。リアルな我が国の学生運動から導かれた、海の向こうの奴隷制や公民権運動に関する、ほとんどアクロバティックな、しかも鉄壁に構築された相倉理論によって、ジャズミュージシャンから読者、編集者までを大いにアジテートし、数多の論争の修羅場をくぐり抜け、敵を作るだけ作っては陣形を変えて闘争し続けた「相倉久人」が、一瞬蘇るのを、ワタシだけが見ていました（この番組は完全フリースタイルなので、構成作家やアシスタントは存在せず、つまりブースにはパーソナリティであるワタシしかいません）。先生は、ニコニコされたまま、目だけは全く笑わない状態で、こう言い放ったのです。

「ほう（笑）。そうですか、それは奇遇ですなあ（笑）。実はボクもそうなんですよ」

〈ヤバい。乗ってきた〉ワタシは滅多にかかない冷や汗をかきながら、平静を保ち「へえ。そんなイメージありませんけど、そうなんですか」と言いました。

そしたら先生は、いつもの先生とは思えない、抑えたトーンで、実に楽しそうにこう仰ったのです。

「じゃあ今夜は、死神同士って事で（笑）、ひとつ楽しくいきましょう（笑）」

この時の凄み。学生運動時代以前からジャズをリアルな現場で経験し続け、シーンにパワーがなくなったと判断するや否や、転向者の誹りを承知で平然と立ち位置を変え、どこに行っても舌鋒鋭く、群れる事なく生き続けた、あの「相倉久人」が、僅か数十秒だけ、蘇った。誰の、何の為にでもなく。

＊

先生。何から何まで書いちまって、こんなんで良いのかどうか、正直テメエでも判りません。ただ、この話は、余りにも誰も見てないんで、この本はジャズファンだけが読む訳じゃないと思うし、せめて爪痕だけでも。って思いまして。

危篤の報が入った時は、「やっぱりこの本は出版しない事にしよう」とまで思ったんです。脱稿直前だったんですけど。でも、死、地獄、艱難辛苦、っていったものが、官能や、生の悦びや、性的興奮の下地にない、そんな薄っぺらいもんを音楽だとオレは思ってないし、「リアル」だけがリアルじゃない。そしてそのためにはリアルっていう下地がないと、何も始まらない、と教えてくれたのは先生なんで。

「レクイエムの名手」ってのが、ギリでベタなタイトルだって事は解ってます。ずっと「死神（有名な落語の演目名）」っていうタイトルに決めてたんですよ。最後に先生とのこの話が入って来るから。

でも、「落語とジャズ」みたいなの、最低じゃないすか？　今の正蔵と三平がジャズ好きだって、あすこの一門にはご勘弁願いたいですよ。先生もお嫌いでしたよね？　「落語とジャズ」みたいなノリ。人様が好きだって言うなら別にケチはつけませんけど、オレはイヤっすねやっぱ。ジャズは第一にはブラックミュージックだし、第二にはホワイトミュージックだし。イエローと無理に混ぜる事はない。どうせこの国で起こる事は、イエローが混じらざるを得ないんだから。だから、誤解されない様に「死神」はよしときました。

いやあそれにしても。プーさんまで押しのけて、トリを持っていきましたなあ（笑）。いちんち違いですよ。いやあ、目立ちたがりここに極まれりでしょう。頭さがります（笑）。

先生がなさる筈だった、12月のピットイン50周年コンサートの司会は、オレがやらせて頂きます。先生の告別式に、店長もオーナーも来てたんですよ（山下さんはツアーで来られなかったから。山下さんが先生の亡骸を見ながら書いた弔辞は、オレが預ってます。何度も読んだけど、山下さんはまだ、受け入れられてないですね。でもしょうがない。直弟子なんだから）。

んで奴等が「相倉さん死んじゃって、司会どうする？」とかごちゃごちゃ言ってやがるんで、お開きになってから、帰りの車の中で「オレがやる。ギャラは要らない」ってメールしたんですよ。そしたら連中、「気持ちは嬉しいけど、いろいろあるから、先ず持ち帰らせてくれ」なんつって、市役所みたいな事言ってるんで。「お前等はバカか？　他に誰がやれるんだ。言ってみろ。オレがやるつってんだよ。相倉先生も絶対それで良いって言うよ」って書いちゃいました（笑）。すいません。勝手な事書いて。

先生の「家が貧乏だから楽器が買えなくてミュージシャンになれなかった」っていう人生の初期設定を読んだのは、オレが14とかそんなぐらいです。オレもそん時は、まさか自分が将来、あのキラキラなサキソフォーンとかすげえのを買って、ジャズメンになるなんて、思いもしてなかったですよ。ましてや相倉久人が亡くなった司会の代役をテメエがやるなんて、夢にも思ってなかったです。「まもなく、ジョン・コルトレーン・クインテットの祭典がはじまります」っていう相倉節（J・コルトレーンの『セカンド・ナイト・イン・トーキョー』に収録されている、有名な前説）に乗って演奏するんだ、10年後も、20年後もだ。って。他の先生方と違って、可愛がって頂いてから、10年お元気だったし。それに、先生は死神だから、一生死なないって思ってたんです。先生。やっとこの、キツい本が終わりました。告別式で頂いた、ちっさいハンケチみたいなやつ。あれ、オレがやってる音楽理論とサックスの私塾の、ホワイトボードの消し用に、枠《わく》に括りつけてます。平岡先生の葬式で貰った、同じ様な奴と一緒に（笑）。

＊

どこで何をされている、どんな方でも、死の前では平等だという事が、どうかロマンティークから引き剝がされません様に。「レクイエムの名手」なんて仇名を、この本が奇麗さっぱり祓い清めますように。母親がこの本を手に取るなり、吠えながら投げ捨てるか引きちぎるかしますように。

２０１５年９月10日　午前９時11分
コンビニのみたらし団子に喰いつきながら。
菊地成孔

菊地成孔（きくち・なるよし）

1963年、千葉県生まれ。音楽家・文筆家。84年にプロデビュー。現在はdCprG、菊地成孔とペペ・トルメント・アスカラール、ダブセプテッドを主宰する他、大谷能生とのヒップホップユニット、ジャズドミュニスターズとしても活動。ジャズに軸足を置きながら、ジャンルレスな音楽・執筆活動を展開。著書に『あなたの前の彼女だって、むかしはヒョードルだのミルコだの言っていた筈だ』『服は何故音楽を必要とするのか?』『ユングのサウンドトラック』『時事ネタ嫌い』他多数。大谷能生との共著に『憂鬱と官能を教えた学校』『M/D』『アフロ・ディズニー』などがある。

レクイエムの名手

菊地成孔追悼文集

二〇一五年一一月二日　第一版第一刷発行

著者　菊地成孔

発行所　株式会社亜紀書房
〒一〇一－〇〇五一
東京都千代田区神田神保町一－三二
電話　〇三－五二八〇－〇二六一
http://www.akishobo.com
振替　00100-9-144037

印刷・製本　株式会社トライ
http://www.try-sky.com

ISBN 978-4-7505-1452-9 C0095

JASRAC 出 1510824-501